J'apprends à gérer ma cyclothymie

ISBN 978-2-84319-272-2

Dr Elie Hantouche
Caline Majdalani - Régis Blain
CTAH Recherche

J'apprends à gérer ma cyclothymie

2e édition

Editions J.LYON
19, rue Saint-Séverin
75005 Paris

CTAH Recherche
est une association régie par la loi de 1901. Créée en 2008, elle a pour objectifs de promouvoir la recherche clinique et l'information dans les troubles bipolaires et anxieux. Ses membres sont des psychiatres et psychologues spécialisés dans les approches cliniques et thérapeutiques des troubles bipolaires et anxieux. Ils sont auteurs de plusieurs ouvrages.

Aux éditions J.Lyon
AFTOC, JM Timmermans, A De Gregorio, Dr E. Hantouche
Comment vivre avec une personne atteinte de TOC, 2005

Dr E. Hantouche, B. Houyvet
Cyclothymie : Troubles bipolaires des enfants et adolescents au quotidien, 2007

Dr E. Hantouche, Collectif CTAH
Anxiété : vaincre ses soucis, peurs et obsessions au quotidien, 2011

V. Trybou, Dr E. Hantouche
Méthode anti-phobies de l'espace, 2009
Méthode anti-phobies sociales, 2009
Méthode anti-phobies animales, alimentaires et autres, 2009

AFTOC, Dr E Hantouche, V. Trybou
TOC : Vivre avec et s'en Libérer, 2011

Autres ouvrages
Dr E. Hantouche
Troubles bipolaires, Obsessions et Compulsions, Odile Jacob, 2006

Dr E. Hantouche, R. Blain
Cyclothymie pour le pire et pour le meilleur : bipolarité et créativité,
Robert Laffont, 2008

Dr E. Hantouche
Troubles Bipolaires : Manie, Hypomanie, Dépression, MediText, 2008

Dr E. Hantouche, V. Trybou
Soigner sa cyclothymie : 7 clés pour retrouver l'équilibre de soi, Odile Jacob, 2009

Sommaire

Préface

Professeur Athanase Koukopoulos
Centre Lucio Bini – Rome – Italie

Nous sommes tous un peu cyclothymiques et nous pouvons nous reconnaître dans les personnes décrites par le Dr Elie Hantouche. « *Nous sommes tous des créatures du Soleil* » selon Kay R. Jamison.

Dans sa longue évolution sur cette planète, l'homme a dû s'adapter à tous les changements de lumière et de chaleur déterminés par l'orbite de la Terre autour du soleil et à toutes les autres infinies variations de l'environnement.

Avec l'évolution du système nerveux, aux stimulations physiques se sont ajoutées des infinies stimulations psychiques et de fortes réactions émotives et variations d'états d'âme, toutes utiles à la survie. Des processus complexes d'homéostasie se sont développés pour limiter la durée et l'intensité de ces réactions psychiques. Toutefois, ces efforts de régulation de l'homéostasie ne sont pas parfaits. Ainsi, nos douleurs et nos anxiétés durent plus longtemps, nous sommes plus

émotifs de ce qui est nécessaire et nous sommes de moins en moins capables de contrôler nos impulsions et les désirs de ce que nous voudrions.
Ainsi nous sommes tous plus ou moins cyclothymiques, c'est-à-dire nous sommes vivants et cette caractéristique nous offre le meilleur de la vie :

- la créativité, les passions, surtout l'amour
- mais aussi sans doute le pire, la haine, la jalousie, le fanatisme et leurs conséquences.

Les cyclothymiques vont au-delà de leur instabilité émotive, car ils arrivent à des changements d'états d'âme et physiques sans aucune cause extérieure apparente. Toutefois, ces changements conditionnent toute leur vie.
Plus que les autres sont les bipolaires. Même s'ils sont profondément différents des cyclothymiques proprement définis dans ce livre, ils ont en commun deux traits essentiels : les changements d'humeur et d'énergie et l'intensité excessive de leurs émotions.

Quand, en 1863, Ludwig K. Kahlbaum créait le terme de cyclothymie (du Grec *Kyklos*, cycle et *Thymos*, état d'âme), il y incluait tous les troubles des plus légers aux plus graves. Il est vraiment regrettable que Kraepelin ait choisi le terme de Folie Maniaco-Dépressive bien qu'il connaissait la cyclothymie et qu'il en parle dans son traité. Le terme de Folie Maniaco-Dépressive a certainement mis en évidence davantage les formes graves et, par conséquent, les psychiatres ont négligé les formes les plus légères de la bipolarité, comme la cyclothymie.

Elie Hantouche se place dans la tradition des grands experts de la cyclothymie comme Hecker et Kahn. Il se distingue notamment par sa riche expérience clinique et sa profonde empathie qui lui ont servi pour avoir des intuitions psychologiques et pharmacologiques de grande valeur clinique dans l'univers de la cyclothymie. Cette connaissance profonde lui a permis de créer, avec ses collaborateurs au CTAH, notamment Caline Majdalani, Vincent Trybou et Raya Hantouche, une stratégie pour faire face et gérer les problèmes médicaux et existentiels au-delà des traitements pharmaceutiques. Telle stratégie, illustrée dans cet ouvrage, constitue une aide précieuse et efficace pour le patient cyclothymique, son entourage, le psychologue et le psychiatre.

Avertissement

Le parcours d'un cyclothymique est très souvent un parcours du combattant : des années avant de déboucher sur le bon diagnostic et surtout sur le bon traitement. Les cyclothymiques ont le droit de comprendre, au plus tôt, la nature de leur tempérament et les risques associés. De plus, ils ont besoin d'un savoir utile pour évaluer et agir efficacement.
Parler et ressasser leur passé et leur souffrance n'est pas, dans ce cas, le protocole adapté à leur besoin, si ce n'est qu'obtenir un résultat superficiel et décourageant, sans perspectives concrètes d'amélioration ou de guérison.

Cet ouvrage fait l'alliance de trois expériences :
- celle d'un expert qui depuis plus de 25 ans s'intéresse à la recherche dans le spectre clinique de la bipolarité et de la cyclothymie (Dr E. Hantouche),
- celle d'une psychologue qui soigne les jeunes et les adultes cyclothymiques (C. Majdalani)
- et celle d'une personne, ni psychologue ni psychiatre, devenue un expert de sa propre cyclothymie (R. Blain)[1].

Comment lire cet ouvrage ?

Nous invitons le lecteur à connaître les conceptions historiques de la cyclothymie puis être informé des réalités actuelles de ce trouble qui touche plus de 5 % de la population (partie 1). Cette partie est importante à lire avant de passer au dépistage du trouble et à l'apprentissage des signes et des formes cliniques (partie 2) et à la connaissance des bases théoriques et des principes du traitement pharmacologique de la cyclothymie (partie 3).

La 4e partie est dédiée à l'autogestion de la cyclothymie qui est l'ambition principale du livre. Cette partie sera vite appréciée par les connaisseurs de la cyclothymie. Pour les profanes, nous recommandons de suivre le déroulé des chapitres.

Que vous soyez vous-même cyclothymique ou proche d'une personne souffrante de ce trouble, ce livre peut vous aider. Il comporte la synthèse des connaissances les plus récentes sur ce trouble, une série de questionnaires sur le dépistage, l'évaluation des tempéraments, les stratégies de gestion ainsi que des conseils utiles pour faire face aux épisodes (grandes fluctuations de la cyclothymie) et aux fluctuations émotionnelles perpétuelles (les hauts et les bas continus ou circulaires).

Cet ouvrage est également dédié aux soignants, psychiatres, médecins généralistes et psychologues. Il peut compléter leur approche personnelle pour traiter la cyclothymie et soigner la personne qui en souffre.

Cet ouvrage n'a pas l'ambition d'être un traité complet sur la cyclothymie, ni un livre de référence. Si les ouvrages sur la bipolarité se généralisent, il en manque encore pour la cyclothymie[2].
L'équipe de CTAH-Recherche a déjà rédigé des ouvrages sur la cyclothymie. Le présent complète la série en se focalisant sur l'autogestion au quotidien, une étape qui complète la psychoéducation et donne à la personne cyclothymique des moyens de mieux contrôler les variations émotionnelles et vivre sans handicap sa cyclothymie.

Cet ouvrage est conçu comme un mini guide qui facilitera la compréhension de la cyclothymie, son évaluation, sa gestion au quotidien... On n'insistera jamais assez sur le « quotidien », car la cyclothymie est présente tout le temps. Contrairement aux formes épisodiques de bipolarité où la personne vit des périodes d'accalmie et de normalité (intervalles libres sans troubles), la cyclothymie est là, chaque jour. Ce qui signifie que sa gestion exige des stratégies différentes tant pharmacologiques que psychologiques.

Un guide pour que votre cyclothymie ne soit pas seulement votre pire ennemi mais également le meilleur ami. *« Tout dépend du moment, de la période, des circonstances »* comme l'affirment beaucoup de personnes cyclothymiques. Repérer ses points forts mais aussi ses points faibles et surtout identifier les secteurs de votre vie qui sont les plus difficiles à gérer, avant de procéder à une nouvelle façon de faire, de voir, de croire et de réagir.

---

1. Co-auteur du livre « Cyclothymie pour le Pire et pour le Meilleur », Robert Laffont, 2008

2. « Cyclothymie : troubles bipolaires chez les enfants et adolescents au quotidien », J.Lyon, 2007 ; « Manuel du cyclothymique », Eyrolles 2011 ; « Soigner sa Cyclothymie », O.Jacob, 2009

Hommage à Pierre Kahn : Cent ans après

« Je suis en train de finir la thèse de Kahn (Régis Blain).
Quel vrai plaisir d'un point de vue littéraire (style et exemples tirés d'œuvres de Musset par exemple) et surtout scientifique ! C'est fabuleux de voir la précision et la finesse des diagnostics malgré quelques petites erreurs. On voit bien la formation littéraire, médicale et surtout le sens de l'observation. C'est rassurant de découvrir que la France avait des psychiatres de grande qualité et en même temps inquiétant de constater que ce diagnostic bien plus précis que le DSM-IV ait disparu de nos jours ! Bonne leçon d'humilité...
Beaucoup de questions découlent de ce travail sur les tempéraments et la cyclothymie : les rapports avec la nature, l'assortiment des couples, la vie amoureuse, l'attachement, les causes humaines, la créativité... tant de questions universelles qui donnent à la cyclothymie ses lettres de noblesse.
Ce n'est pas un handicap mental, ni une maladie dépressive récurrente... bien plus que cela... »

La cyclothymie n'est pas une nouvelle maladie. Elle a ses propres racines historiques. Décrite, il y a plus de 100 ans, elle sera par la suite, pour des raisons encore mystérieuses, négligée et peu enseignée dans les universités de psychologie et de médecine.
Initialement proposée par Kahlbaum (en Allemagne) en 1882-84, la cyclothymie fut développée par son collaborateur, Ewald Hecker, en 1889.

Ewald Hecker : l'empathique et l'enthousiaste

Ewald Hecker est né le 20 octobre 1843 à Halle, en Prusse. Son père était constructeur de bâtiments. Ainsi Hecker a appris l'architecture et la médecine de 1861 à 1866. Il a collaboré avec Karl Ludwig Kahlbaum à Görlitz jusqu'en 1872 et devint son ami le plus proche et chef de l'équipe de Kahlbaum. En 1891, Hecker dirige sa propre clinique psychiatrique à Wiesbaden, en Allemagne de l'Ouest. En raison de son libéralisme politique, il n'a jamais été récompensé de titre académique de professeur universitaire de psychiatrie, mais sera honoré d'un titre professoral en 1907. Il se marie en 1871, devient père de deux garçons et d'une fille, et décède en 1909 suite à des accidents cérébraux vasculaires répétés.

Les points forts et originaux de Hecker :

- Il n'était pas universitaire
- Il avait l'esprit révolutionnaire contre la psychiatrie de son temps
- Il était fidèle à la méthode clinique de son maître, Kahlbaum
- Il a fait la promotion des articles destinés aux médecins généralistes, patients et familles - ses publications s'adressaient essentiellement au grand public (lutter contre les stigmas). But : éduquer et réduire les stigmas

- Il a introduit la partie psychologique des soins
- Il a lutté contre les asiles psychiatriques et pour abolir les mesures coercitives
- Il s'est opposé aux droits des psychiatres d'administrer les traitements coercitifs
- Il avait le souci de créer un environnement « humain » pour les patients et même recevoir les malades à son domicile
- Il s'est fait une réputation comme hypnothérapeute et psychothérapeute dans les troubles anxieux, cyclothymiques et du sommeil.

Le profil de Hecker est celui des experts actuels travaillant sur la cyclothymie. L'essentiel de leurs connaissances vient de l'extérieur des milieux universitaires. Ils sont des chercheurs enthousiastes (souvent dérangeants et bousculeurs des idées reçues et des approches classiques) et des thérapeutes chaleureux et empathiques. C'est probablement la marque des experts de la cyclothymie (*cf. chapitre « Grands experts du 20e siècle »*)

Un élève de Hecker, Karl Wilmanns reprit en 1906 la question de la cyclothymie. De 1884 à 1906, la signification du mot « cyclothymie » a évolué. Il ne s'agit pas d'une « folie typique circulaire aboutissant à la démence » mais une forme clinique atténuée de la « folie maniaque dépressive » (définie par Kraepelin), qu'on désigne aujourd'hui par Troubles Bipolaires.

En France, Gaston Deny, chef de service de psychiatrie à la Salpêtrière (Paris) sera le premier à exposer la cyclothymie comme un déséquilibre de la sensibilité morale. Il se sépare ainsi de la conception allemande de Wilmanns. Deny affirme *« à vrai dire, le mot de cyclothymie ne doit pas servir uniquement à désigner les formes frustes de la PMD... Il s'agit d'une exagération d'une constitution psychique spéciale qui préexiste à l'apparition des troubles et survit à leur disparition... »*.

Cette constitution psychique est désignée aujourd'hui par « tempérament cyclothymique ». C'est la partie « nature » de la cyclothymie qui est à la base de notre conception actuelle de ce trouble.

Élève de Deny, Pierre Kahn va consacrer sa thèse inaugurale de médecine sur la cyclothymie : *« LA CYCLOTHYMIE : de la constitution cyclothymique et de ses manifestations (dépression et excitation intermittentes) »*, Paris, 1909 (Steinheil éditeur).
Notre ouvrage est dédié à Pierre Kahn !

Allons voir quelques extraits de la thèse de Kahn.

La constitution cyclothymique

« La constitution psychopathique désignée aujourd'hui sous le nom de cyclothymie est inséparable de celle des formes frustes ou atténuées de la psychose maniaco-dépressive qui n'en sont que le grossissement ou l'amplification.
Cette constitution cyclothymique est essentiellement caractérisée au point de vue clinique par des variations et des oscillations continuelles du ton affectif ou de l'humeur qui s'expriment par un sentiment général de bien-être ou de mal-être, lequel réagit et retentit, à son tour, sur toutes les modes de l'activité psychique.

Les formes légères de cyclothymie n'appellent jamais l'intervention du médecin... Ils sont traités par leur entourage « d'originaux et des lunatiques »... Un observateur averti remarquera leurs sautes brusques d'humeur, leur tristesse sans cause et leur joie sans raison... La vie entière se passe dans un roulement successif de périodes d'excitation modérée et de mélancolie peu prononcée.

Dans les phases d'excitation hypomaniaque

La personne paraît simplement avoir changé de caractère et acquis momentanément une activité inaccoutumée. Elle s'occupe d'affaires, fait des visites nombreuses ; écrit des lettres à des personnes qu'elle ne fréquente pas d'habitude, elle a besoin de mouvement incessant, elle dort très peu, fait des voyages ou des projets nombreux, elle remplit avec une activité fébrile les devoirs de sa profession, ou bien entreprend des affaires nouvelles... La personne manifeste une gaieté exagérée, elle se montre intelligente, loquace et même spirituelle, et bien qu'il y ait toujours un grand désordre dans les actes et un certain décousu dans les discours, les personnes qui ne connaissent pas le cyclothymique ne peuvent pas juger de sa véritable situation mentale, tandis que la nature maladive de cet état d'excitation n'échapperait pas à un observateur attentif... **Ce caractère maladif devient manifeste lorsqu'après une certaine durée, on voit survenir peu à peu ou tout à coup un état précisément inverse (dépressif)...**

Dans la phase d'excitation, le patient ne fait pas de confidences, il ne réfléchit pas sur lui-même. Sa pensée en érection se pose avec une rapidité déconcertante sur ce qui l'entoure, mais pas sur lui. En un mot, il rayonne, mais ne rentre pas en lui-même.
Tout lui paraît beau, aimable et charmant. Personne n'a de défauts, il aime tout le monde, son affection déborde. Il est dévoué, complaisant, altruiste, charitable.
Il est prodigue et donnerait pour un peu tout ce qu'il possède...
Une patiente est assez excitée, elle s'occupe des autres, de leurs visites, se plaint du personnel, elle se plaint d'une malade...

Dans les phases dépressives

Ayant déjà éprouvé plusieurs crises de mélancolie, les patients se plaignent de douleur morale, d'indifférence affective. Ils ont abandonné

leur foyer et leurs enfants pour se réfugier à la maison de santé – car ils savent qu'ils ne sont plus capables d'élever leurs enfants ni de diriger leur ménage.
Les idées de suicide sont assez fréquentes chez le cyclothymique qui, dans sa période de dépression, est toujours persuadé qu'il ne guérira jamais et qu'il est « à l'antichambre de la démence... ». Cela ne s'est jamais complètement effacé ; c'est une maladie indéfinissable qu'il fallait extirper dès le commencement.

Etats Mixtes

L'analyse la plus serrée est nécessaire dans certains cas complexes où le diagnostic ne laisse pas d'être difficile. Il existe des cas de dépression et des excitations cyclothymiques simples et nettes. Or il existe des cas – très fréquents à notre avis – dont le syndrome clinique n'est que la traduction de l'excitation de certains domaines psychiques combinés avec la dépression de certains autres... Par exemple, s'il y a dépression dans le domaine affectif, il y a excitation dans la sphère intellectuelle. Et toutes les combinaisons peuvent ainsi exister...
Il est souvent donné de voir des malades avec un tempérament très actif, ayant déjà éprouvé plusieurs crises de mélancolie ; ils se plaignent de douleur morale et d'indifférence affective mais ils sont cependant assez actifs, la parole est vive et leur teint animé... Leurs lettres sont très bien écrites et on y retrouve même de l'élégance dans le style et de la finesse dans les mots... Ils se plaignent avec éloquence du trouble douloureux de leur affectivité...

Dans les états mixtes :
- L'irritabilité et la susceptibilité remplacent la tristesse
- Parfois l'apathie coexiste avec une excitation de la pensée (ressassement perpétuel de certaines idées)

- Une inertie complète (dépression motrice) avec une sensation de bien-être profond (sphère affective) et l'inquiétude morale réapparaît avec l'activité motrice
- Avec une douleur morale intense coïncide une excitation motrice considérable : un malade souffre, s'excite, saute du lit en criant « Ah ! que je souffre ! » La mélancolie anxieuse peut aussi traduire une forme d'état mixte.

Hypomanie et dépression : même trouble, même déréglage

On ne peut pas faire autrement que d'être frappé de ce fait que ce sont les mêmes fonctions qui, dans l'une et l'autre, sont troublées : affectivité, motilité, sphère intellectuelle.
Dans l'une et dans l'autre, il y a diminution de la volonté et de l'attention.
Dans l'une et dans l'autre, il y a une déséquilibration, un déréglage, de l'émotivité, de l'idéation et de la motilité.
Dans l'une et dans l'autre, la conscience est intacte, les idées délirantes sont absentes.

Mode évolutif : circularité et intermittence

« Dans l'intervalle de mes crises de tristesse, je sentais bien que j'étais trop gaie, et pendant mes crises, je sentais bien que j'étais trop triste, incapable de chasser mes mauvaises idées. Je sens bien que je suis à la porte, à l'antichambre de la démence... »
La circularité de ces troubles de l'humeur n'est pas toujours visible au premier abord. L'excitation intermittente n'entraîne en général aucun trouble dans la vie quotidienne du malade.
Il n'en est pas de même de la mélancolie intermittente ; et le cyclothymique dans ce cas va consulter le médecin : la mélancolie étant la phase la plus visible de la cyclothymie, celle dont le malade a pleinement conscience. C'est aussi la plus fréquemment observée...

Aspects interpersonnels

Le cyclothymique est un optimiste imperturbable, aimable et charmeur, il se répand dans le monde où sa bonhomie, sa rondeur, sa répartie fine et spirituelle, à laquelle s'ajoute le sel d'un rien de médisance et de raillerie, le rendent sympathique et le font rechercher.

L'anxiété chez le cyclothymique

Le cyclothymique est indécis, mais si on l'aide de paroles ou de conseils, il arrivera à faire ce qui -seul- lui était impossible.
Sans boussole, séparé du monde extérieur par je ne sais quel brouillard qui lui déforme ses sensations et jusqu'à ses sentiments, il appréhende tout ce qui peut lui arriver de funeste.
Et c'est ainsi que sur le terrain de dépression morale s'épanouit la floraison des phobies et des obsessions.
Nombre de cyclothymiques se plaignent d'être poussés à tuer leurs enfants, à se tuer eux-mêmes, à boire...
Un critique averti de ces faits, montre que c'est plutôt la crainte de l'impulsion que l'impulsion elle-même, qu'il faut voir dans ces cas : « En voyant un couteau, nous disait une malade, j'avais peur d'être poussée à le prendre et à en frapper mes enfants ». C'est le plus souvent sous cette forme que s'expriment les pseudo-impulsions des déprimés ; ils craignent d'être poussés ; ils ne le sont pas.
Ils craignent l'impulsion, parce que leur dépression leur fait craindre tout.

Phobies et obsessions

Les phobies, les obsessions de l'obsédé constitutionnel portent sur toutes espèces d'objets, de craintes. Celles du cyclothymique sont limitées et restent toujours dans un même territoire.
Il a l'obsession de l'interrogation : « Pourquoi suis-je ainsi, pourquoi je ne sens plus comme les autres ? »

Il a l'obsession d'idées tristes et lugubres, qu'il ressasse sans cesse et qui répondent à sa préoccupation de l'avenir. Il a la crainte de devenir fou.
Le cyclothymique sachant qu'il n'est pas ce qu'il voudrait être, craint de ne pas pouvoir résister à tout ce qu'il considère comme redoutable : la folie, l'impulsion, etc.

Un trouble de la coenesthésie qui est à la base de la cyclothymie

Eh bien, nous considérons l'affectivité comme un galvanomètre, l'humeur comme l'aiguille de ce galvanomètre.
Normalement, la coenesthésie est neutre ; la coenesthésie est l'impression générale résultant de l'ensemble des sensations corporelles.
L'affectivité reçoit l'intensité exacte des sensations et des sentiments que l'humeur traduit à son tour.

Chez le cyclothymique, la coenesthésie n'est plus neutre. Elle est troublée. Elle influence la réceptivité affective qui ne donne plus la mesure exacte des sensations et des sentiments.
L'humeur ensuite reproduit des résultats viciés. Que les sentiments, que les sensations qui normalement modifient le ton de l'humeur, viennent à cesser de se produire, l'aiguille ne reviendra pas au zéro, l'humeur continuera à exprimer une réaction qui n'est autre que celle de la coenesthésie.
Il en résulte nécessairement un changement dans la perception du monde extérieur. Au lieu du gris sombre sous lequel ce monde apparaît au mélancolique à cause de sa dysesthésie physique, il se présente, au contraire au cyclothymique, avec des tons plus chauds, une coloration plus vive et un aspect plus intéressant.
Pour nous, la dysesthésie n'existe pas seulement chez le déprimé. Elle existe au même titre chez l'expansif : l'un est hyperesthésique, l'autre

hypoesthésique. **Cette dysesthésie morale est à la base de la déséquilibration cyclothymique.**
En les considérant comme des manifestations inégales comme intensité, mais identiques comme signification, d'une constitution pathologique bien définie, nous pensons avoir contribué à la distinction nosologique de certaines formes d'excitation et de dépression psychiques, ce qui ne saurait manquer d'un certain intérêt au triple point de vue du pronostic, de la thérapeutique et de la médecine légale... »

Fin des extraits de la thèse de Pierre Kahn

Ces extraits donnent une idée sur l'importance du travail de Pierre Kahn qui :
- Présente la cyclothymie comme une constitution spéciale (ce qui est proche de la conception actuelle des tempéraments affectifs) basée sur un trouble de la sensibilité émotionnelle et morale.
- Définit sa clinique avec les excitations hypomaniaques et les phases dépressives intermittentes en insistant sur la fréquence des états mixtes (mélange des symptômes dépressifs et hypomaniaques au sein du même épisode).
- Lie les excitations hypomaniaques et les dépressions à un même déréglage ; ce qui dénote un regard pertinent sur ce trouble.
- Tient compte de la co-morbidité avec les abus de substances et surtout les anxiétés phobiques et obsessionnelles.
- Insiste sur la circularité (mode évolutif spécifique de la cyclothymie), ce roulement successif et continuel de périodes d'excitation et de dépression.
- Place la cyclothymie entre la normalité et la maladie mentale (*« antichambre de la folie »*), donc les difficultés de se prononcer *« quand la maladie commence et quand l'originalité se termine »*.
- Souligne l'importance de l'information du patient (psychoéducation).
- Suggère les liens de la cyclothymie avec la créativité.

1

Cyclothymie : passé et présent

1
Renaissance de la cyclothymie

Cyclothymie disparue, mais plus maintenant !

Pour quelles raisons a-t-on négligé une maladie aussi importante et fréquente... Comment peut-on arriver à un tel constat ? est-ce un déni collectif ? l'absence de formation adaptée ? l'influence des écoles psychiatriques ? le triomphe de la psychanalyse au détriment de la clinique ? les mauvaises définitions actuelles des formes cliniques de la bipolarité ? ou un mélange de tout ?

« La Cyclothymie eut des partisans mais surtout des adversaires. En Allemagne, pas plus qu'en France, les travaux sur la Cyclothymie (au début du 20ᵉ siècle) n'ont pas eu beaucoup de retentissement. Même en Allemagne, la conception Kraepelinienne n'était pas unanimement adoptée. N'admettant pas la conception de la PMD (psychose maniaque dépressive), les adversaires de Kraepelin ne sauraient jamais reconnaître les formes atténuées » (Pierre Kahn, 1909).

Rendre à César ce qui appartient à César

Dans l'histoire de la recherche clinique sur les souffrances psychiques, la fin du 19e siècle a vu naître plusieurs courants théoriques. Le courant psychanalytique incarné par Sigmund Freud est devenu celui qui marquera le 20e siècle de sa suprématie aux dépends de toutes les autres approches qui seront déconsidérées. Cependant, l'enthousiasme et la dévotion acquise à cette science se sont heurtés à des cas qui restaient hermétiques à l'accompagnement psychanalytique. Ces cas, pas si exceptionnels, devenaient des énigmes et un nouveau défi de recherche à relever.

Les principes de la psychiatrie reposent sur une base physiologique (symptômes physiques) et biologique. Les psychanalystes ont commencé à s'insurger contre l'origine héréditaire des troubles mentaux et les traitements essentiellement somatiques. De même, les psychanalystes considéraient que l'anxiété et la dépression n'étaient que des manifestations presque naturelles de l'esprit. Ils pariaient sur un échange verbal entre patient et thérapeute plutôt que sur une auscultation classique.
Dès lors, Freud abordait des pathologies comme l'hystérie et la neurasthénie par l'introspection, en revivant les crises émotionnelles à l'origine supposée afin de les évacuer. Rappelons que ces deux pathologies étaient souvent diagnostiquées par les psychiatres de l'époque de Freud alors qu'il s'agissait de cyclothymie, comme l'a démontré Pierre Kahn dans sa thèse de 1909.

Dans les années 30, la psychanalyse devint de plus en plus en vogue en France, Allemagne et USA. Dans les années 50, tous les postes clés dans les universités américaines étaient détenus par des psychiatres - psychanalystes, alors qu'en Europe les psychiatres universitaires faisaient encore de la résistance. Par exemple, cette résistance a permis au Pr Deniker de montrer, en 1952, l'efficacité du Largactil® dans le traitement des bipolaires hospitalisés pour accès maniaques sévères. Il est bon de rappeler que le premier psychotrope fut découvert en traitant les bipolaires et non les schizophrènes.

Mai 68 a signifié une seconde vague d'influence pour la psychanalyse, notamment grâce aux mouvements antipsychiatriques hostiles aux électrochocs, au concept de « psychopathologie » et aux hôpitaux psychiatriques qui étaient comparés à des prisons. En France, les étudiants en médecine ont demandé que la psychanalyse soit au programme des Facultés.

Cependant à la fin des années 70, la création du DSM-III en 1980 et du succès de certains psychotropes ont sonné le glas de la psychanalyse. On se remit à faire des diagnostics et à parler de « troubles », à ne plus abuser du diagnostic de schizophrénie ou d'hystérie, à parler de bipolarité... mais de manière assez modeste.

Dans les années 90, le diagnostic de « Dépression Majeure », de TOC, de Trouble Panique, d'Anxiété Généralisée, de Phobie Sociale et d'autres troubles, feront la gloire des antidépresseurs, Prozac et Cie. Parallèlement, quelques experts donnent l'alerte sur l'abus des antidépresseurs et d'autres travaillant sur le spectre bipolaire, tentent de définir les formes cliniques de bipolarité qui, dans la pratique, ne sont pas correctement diagnostiquées et traitées comme de « simples » dépressions ou anxiétés pathologiques, par des antidépresseurs et/ou par la psychanalyse.

Et maintenant ?

L'accompagnement thérapeutique va s'enrichir et innover de nouvelles voies inexplorées, du vaste et mystérieux territoire de l'esprit humain.
Notre sujet ici concerne la cyclothymie. Sans vouloir retracer dans le détail l'histoire de ce trouble, il est cependant utile de rappeler comment la cyclothymie s'est construite (notamment à partir des travaux de Hecker et Kahn).

Vous avez déjà entendu parler de bipolarité, des troubles bipolaires, de maladie maniaco-dépressive, des dépressions bipolaires, des états mixtes, de personnalité borderline... Mais cyclothymie, c'est quoi au juste ?
Et vous avez retenu que « bipolaire / cyclothymie » sont synonymes et correspondent à un trouble mental sévère et psychotique. Certes, il existe au sein des troubles bipolaires des formes extrêmes (comme le trouble BP-I). En revanche, « cyclothymie » représente une forme bipolaire distincte, cliniquement atténuée (notamment dans les phases d'excitation), mais pas pour autant légère ou bénigne.

Parler de « cyclothymie » évoque systématiquement soit un tempérament (pour certains une personnalité), soit un trouble bipolaire « soft » de l'humeur.

La cyclothymie est nature et trouble

- **Nature**, celle d'un tempérament marqué de son empreinte émotionnelle et d'un style de réagir à l'environnement, avec une sensibilité affective et morale particulière.
- **Trouble** comme une maladie qui dérègle de manière continue et circulaire l'équilibre des émotions, des pensées, des comportements et des relations avec les autres.
- **Trouble** car susceptible d'induire des complications : dépressions à répétition, tentatives de suicide, abus de substance, impacts péjoratifs sur la qualité de vie (licenciements, séparations, divorces, handicap social...).

La décennie sera ou ne sera pas bipolaire !

Cent ans après la thèse de Kahn, la cyclothymie n'est pas encore correctement reconnue ; une réalité désolante si l'on considère les chiffres de prévalence de la cyclothymie : au moins 5 % de la population, environ 30 % des dépressifs qui sont vus en psychiatrie et plus de la moitié des dépressifs récurrents ou résistants aux antidépresseurs[1].

Comme ses manifestations, l'histoire de la cyclothymie a eu ses hauts et essentiellement ses bas. La cyclothymie a connu ses courtes périodes de gloire et longues périodes de déprime et de négligence.

Cyclothymie disparue pendant longtemps mais pas pour toujours.
Ce qu'on a connu dans la seconde moitié du 19e siècle et au début du 20e semble revenir avec une clarté et une évidence. Certes, il y a des raisons qui expliquent la négligence de la cyclothymie au détriment d'autres entités : hystérie, neurasthénie d'antan et névrose, dépression, borderline d'aujourd'hui !

Les patients cyclothymiques souffrent de manière récurrente de courtes durées d'exaltation et de longues périodes de dépression. Hélas, la non reconnaissance de cette pathologie dans le programme universitaire des médecins rend ces patients vulnérables. Ils sont incorrectement diagnostiqués, médicalement négligés, et surtout mal traités. Ils subissent exactement le même sort que leur trouble !
Il est temps que cela change et qu'ensemble, corps médical et patients, nous décidions enfin d'aider les personnes cyclothymiques à ne plus se perdre dans l'erreur de diagnostic, et réalisions sereinement des changements concrets et décisifs sur le terrain.
Cette fatalité, non inéluctable, peut disparaître et la cyclothymie, comme le phoenix, renaîtra de ses cendres.

---

1 Hantouche et al, Annales Médico Psychologiques, 2009

2
Qui de mieux qu'un cyclothymique pour décrire la cyclothymie ?

« La différence, c'est que vous êtes la théorie et moi la pratique »
Lettre d'une patiente cyclothymique
(extrait de la thèse de Kahn, 1909)

Les manifestations de la cyclothymie sont variées, mobiles et souvent complexes. Les patients sont les mieux placés pour en parler et décrire les caractéristiques et les spécificités de ce trouble.

Une grande partie du bonheur et de la misère des cyclothymiques est tributaire des prédispositions, du tempérament, des fragilités « endogènes »[1] et non seulement des circonstances stressantes de la vie. Cela est attesté par les cyclothymiques.

Dès la plus tendre enfance, le cyclothymique sent qu'il est différent des autres.

Petite, je croyais que je venais d'une autre planète.
J'étais entourée d'amour, et ce n'était nullement pour remettre en question mon appartenance à ma famille. Mais il a toujours été évident pour moi, même petite fille, que les gens autour de moi ne « fonctionnaient » pas comme moi : il n'y avait donc pas d'autre explication à mes yeux.
Le plus flagrant était sur les émotions. Je suis plus éveillée, plus attentive, plus sensible. Et la créativité, je dirais même l'obsession de la création a toujours été là.
J'ai été une enfant cyclothymique, et la maladie n'a pas attendu l'âge adulte pour se déclarer. Il faut dire que j'étais une enfant très heureuse, épanouie, précoce. La « maladie » n'en était donc pas vraiment une. Mais je me sentais incomprise et rejetée.

Une cyclothymie c'est comme les montagnes russes. Avec ces hauts et ces bas, ces retournements, ces changements, les choses se passent parfois tellement vite que cela donne le vertige.

Histoire d'une fille instable....
Maintenant c'est mourir, c'est être rien. C'est être ce rien qui m'engouffre et m'empêche de respirer. Se lamenter sur son sort comme un dernier souffle de vie et d'envie. Se prouver qu'on existe par la plainte.
J'aurais voulu que le destin me choisisse une autre destinée. Il ne m'a pas donné le code de traduction alors j'attends jusqu'à ce qu'il me fasse signe. Et toujours attendre...
J'ai choisi de me laisser porter par la vague mais le bateau a coulé en me laissant naufragée de ma propre vie. Si j'avais eu le gouvernail, je serais peut-être de l'autre côté de l'océan. En attendant il faut trouver un bateau de sauvetage. Ce bateau, je choisirai de le construire moi-même. N'attendre l'aide de personne car personne ne sait mieux que moi comment naviguer sur mon océan. Je suis mon propre secours.

Mais pour l'instant je ne suis pas sûre de vouloir me sauver...
Je change d'avis comme de robe, c'est-à-dire... assez souvent...
Je veux plus mourir... Je veux être une comédienne, une chanteuse, une danseuse... Je veux partir.
Je suis la meilleure et la plus nulle, les deux à la fois et en même temps...

Un cyclothymique ça déprime grave et souvent.

Ma dépression, mon « Haine-Amie »

Comme tant d'autres je flirte bien malgré moi avec la déprime. Mélancolie pathogène, fidèle et implacable, je l'avais baptisée mon « Haine-amie » pour me moquer un peu d'elle tout en soulignant l'ambivalence de nos rapports. Ce nom était aussi pour moi à l'image de l'équivoque des latitudes de mes attitudes, tantôt permissif et agaçant car aussi vrai que je haïssais mes longues descentes vers mes humeurs les plus glauques, j'avais l'air de ne rien faire pour les combattre, je semblais même les entretenir. En contre balance, j'éprouvais pour ma personne beaucoup de haine, du dégoût, une image que j'avais de moi et qui m'interdisait la compréhension de mes propres actes et dépravations pendant mes épisodes psychotiques. Dans cette mélasse visqueuse et absconse, mes cogitations s'embourbaient pitoyablement au cours des quatre premiers mois. La science qui m'aurait permis de comprendre les incohérences de ma personnalité restait encore obscure. Lutter ou se laisser glisser, se battre ou rendre l'âme...

Être cyclothymique, c'est aussi avoir des phases magiques et lumineuses de génie et d'exaltation – ce qu'on appelle les phases hypomaniaques.

Je suis en pleine forme le soir, j'ai comme un regain d'énergie, comme si je commençais ma journée. Je me réveille le soir et je m'endors au petit matin, le monde à l'envers. Mes parents n'arrêtent pas de me le reprocher ; mes amis, au tout début, me trouvaient super cool, je représentais en quelque sorte un superman mais avec le temps, ils trouvaient cela bizarre. J'en conclus que je suis un extra-terrestre.

Quelquefois je suis transportée dans des séjours intenses, lumineux, me gratifiant d'une forme rare. Mon cœur bat d'une vitalité ardente qui circule dans mes veines. Elle suscite en moi l'envie de croquer la vie à pleines dents. Convaincue d'être élue par la grâce, de mon pouvoir d'action sur les événements, de mes dons surnaturels, je sais qu'une mission m'attend et que de grandes choses vont s'accomplir. Tout devient des signes et des coïncidences qui me confirment que je suis sur la bonne voie, le synchronisme joue à merveille. La réussite est en route, tout ce que j'entreprends est sur le point d'aboutir, le billet de loto que je vais jouer va être le bon, la chance me brûle les doigts.

Être cyclothymique, c'est une quête inlassable de stabilité et de normalité qu'on ne peut pas atteindre à cause de sa « vulnérabilité » et de l'effet destructeur du stress. Le cyclothymique et les autres : ce n'est jamais neutre à cause de la sensibilité interpersonnelle extrême et la réactivité affective extrême ; et dans l'amour, le cyclothymique est souvent malade...

Quand je rencontre quelqu'un, je veux marquer son esprit à jamais, devenir le numéro un de son cœur. Et si c'est un garçon, qu'il m'aime. Je deviens flamboyante, lumineuse, sulfureuse (les garçons adorent) ou alors « trop chou » si c'est pour une fille. C'est un peu comme ces oiseaux qui se parent de mille couleurs au printemps.

Je me déteste quand je fais ça. C'est un double signe : d'abord cela montre bien que c'est une mauvaise idée, et ensuite, cela provoque exactement l'inverse de l'effet voulu. À partir de là, c'est la panique : je vois bien que quand on va découvrir que je ne suis pas rigolote mais sombre et dépressive, le charme va s'envoler. Comment leur en vouloir ? Comment ne pas finir par être malheureuse qu'ils ne comprennent rien à moi, et qu'ils me laissent tomber ?
En amour, je rêve de passion, d'intensité, de romantisme, mais je choisis souvent des partenaires qui sont des vecteurs d'instabilité et destruction.

Le cyclothymique au travail a des conflits et une tendance à l'instabilité (changements de postes, démissions, licenciements...).

Dans le travail, je déteste la routine, les hiérarchies. J'ai dans ma tête de nombreux projets ; mais la dimension anxieuse et dépressive de mon tempérament ne me permet pas toujours de réaliser mes projets... J'ai dû changer six postes différents en l'espace de huit ans... Souvent, on apprécie la qualité de mon travail, mon engagement dans la finition de ce que j'entreprends, mon enthousiasme et ma gaieté au travail. En revanche, mon « mauvais » caractère, le désordre systématique dans mes actes au quotidien, l'aspect exagéré de mes humeurs, mon exubérance et surtout l'inconstance de ma productivité ne sont guère appréciés. De plus, les périodes répétées où je perds confiance en moi, je deviens lent ou je m'absente des jours sans pouvoir finir même les tâches de routine...

Le cyclothymique se pose beaucoup de questions, notamment sur l'origine de sa souffrance ainsi que sur les frontières entre sa propre personnalité et son trouble. De plus, un cyclothymique,

bien qu'attiré par le changement, en a peur ; il redoute qu'un traitement, même efficace, puisse changer sa personnalité ou faire disparaître les aspects de sa cyclothymie qu'il juge « positifs ».

Quand je m'isole pour tester les gens autour de moi : alors, alors, voyons voir... qui m'aime vraiment ? Quand je souffre de la solitude alors que je la recherche, quand je pleure parce que je ne suis pas aimée alors que je me fourvoie à ne chercher des sentiments que chez ceux qui en sont dénués et rejette l'amour des gens « biens »... est-ce que c'est lié à ma maladie toutes ces contradictions ou à ma personnalité ? J'en parle à mon neurologue ou à ma psy ? Je suis malade ou une espèce de cinglée parano un peu sadique et carrément cynique. Quand je rêve d'arrêter de travailler pour passer mes journées à lire et dormir, est-ce que c'est lié à ma maladie ou à un gros ras-le-bol du boulot ?

Je réfléchis à tout ça, je cherche les frontières, les passages entre les différentes zones du cerveau, en sachant que finalement elles sont si imbriquées les unes dans les autres qu'il serait vain de les séparer... C'est peut-être ça qui me fatigue tant... tenter l'impossible. Toutes ces pièces d'origine défectueuses sont-elles sous garantie ou pas ? On les change ou on les répare ? Et si l'issue n'était pas là... peut-être ne faut-il rien changer ; peut-être faut-il accepter d'être soi avant tout, accepter que ces pièces défectueuses fassent de chacun de nous un être original. Ce qui serait bien, ce serait que les pièces défectueuses ne fassent pas mal... Voilà... c'est un bon deal à mon avis : Mais, en échange, je ne veux plus avoir mal.

---

1. *Par opposition à « Psychogène – Réactionnel », il s'agit de fragilités liées à des facteurs biologiques et génétiques.*

3

Icare, Dionysos et Sisyphe : la cyclothymie dans la mythologie[1]

Le cyclothymique est comme Icare : l'enfermement, l'envolée et la chute

Icare veut s'enfuir du labyrinthe dans lequel il est enfermé, il fabrique des ailes de cire, il oublie les recommandations de Dédale et s'envole vers le soleil, et ses ailes de cire se fondent à proximité de la chaleur ; ses envolées hypomaniaques sont lumineuses ; cela l'attire vers le soleil ; cette proximité est à risque et la chute dépressive fait mal. C'est la partie hyperthymique mégalomaniaque et intense de la cyclothymie associée à une quête inlassable de la vérité et du bonheur...

Le cyclothymique est un descendant de Dionysos : Dieu anar, celui de l'intensité des sens, la créativité, la fécondité

Dionysos est symbolisé par la verdure du lierre et du pin qui ne flétrissent jamais comme une jeunesse éternelle et un refus de se soumettre au rythme de la communauté, et dans un registre plus mystique il incarne l'enthousiasme divin. Dionysos incarne le potentiel de vie, la vigueur, l'exaltation. Dieu de la végétation dense, des fleurs et des arbres, du lierre toujours vert, il devient naturellement le dieu de la vigne et son sang vivifiant, le vin. En outre, étant le dieu de la sève végétale, il est aussi celui de la fécondité virile, représentée dans son cortège par les boucs et les Satyres. À la différence des autres dieux, le culte de Dionysos se célèbre dans les forêts et dans les théâtres. La joie, l'extase, l'inspiration sacrée et une totale liberté le caractérisent.
Il est celui aussi qui s'oppose à la cité, il ébranle les règles d'ordre et les conventions qui la fondent. Il est un élément provocateur, perturbateur, il incite à briser les barrières des conditions sociales, favorise pour ses adeptes l'évasion hors du milieu ordinaire et contribue largement à mettre en cause les valeurs que prône la cité.

Le cyclothymique est surtout un Sisyphe : l'héritage de la différence pour la vie

Un cyclothymique passe sa vie dans des cycles de hauts et de bas. Après chaque chute dépressive, le devoir de remonter la pente mais le sommet est rarement atteint ; et quand c'est atteint, ce n'est pas pour longtemps... Tout ce qui monte doit descendre.
La vie du cyclothymique est comme un éternel recommencement obéissant à de grands cycles du lambda avec Sisyphe, héros de la mythologie grecque. Est-ce une punition ?

La plupart des mythologues expliquent la punition de Sisyphe par une insulte faite aux dieux qui le condamnèrent à porter un bandeau et à pousser un rocher au sommet d'une montagne. Une fois arrivé au sommet, Sisyphe voit sa pierre repartir inéluctablement vers la vallée avant que le but du héros ne soit atteint.

Toutefois, Camus[2] estime qu'il faut imaginer Sisyphe heureux. Sisyphe trouve son bonheur dans l'accomplissement de la tâche qu'il entreprend, et non dans la signification de cette tâche.
« Chacun des grains de cette pierre, chaque éclat minéral de cette montagne pleine de nuit, à lui seul, forme un monde. La lutte elle-même vers les sommets suffit à remplir un cœur d'homme. Il faut donc imaginer Sisyphe heureux ».
Le bonheur du cyclothymique revient à vivre sa vie tout en étant conscient de sa nature, car la conscience nous permet de maîtriser davantage notre existence.

Un cyclothymique a le droit d'être un Sisyphe heureux !

D'Icare, Sisyphe et Dionysos, le cyclothymique tient sa propre mythologie, sa destinée, sa tragédie ou partie "sombre" (une souffrance en cercle – des répétitions continuelles des hauts et des bas) et en même temps, ses excès, ses avantages, son authenticité, sa sensibilité créative, sa fibre artistique, son bonheur, ou partir "soleil".

---

1. Atlas de la mythologie, "Dionysos, le dieu du vin", Éditions Atlas ; Dictionnaire illustré des mythologies, p.29, p.74, Éditions de Lodi, France, 1997 ; Le Petit Robert des noms propres, p.598-599, France, 1997

2. Albert Camus, « Le Mythe de Sisyphe », Gallimard, 1942

4
Les grands experts de la bipolarité du 20e siècle

À l'époque où la psychiatrie américaine accueillait le DSM-III (paru en 1980), l'Amérique apprenait à ne plus abuser du diagnostic de schizophrénie et à chercher correctement la bipolarité. C'était un pas décisif mais pas suffisant pour bien définir l'étendue et la spécificité des troubles récurrents de l'humeur. Cependant, certains experts ont contribué à peaufiner l'approche de la maladie maniaco-dépressive ou bipolaire. Nous retenons trois noms importants : Angst, Akiskal et Koukopoulos.

Jules Angst

Ce psychiatre suisse (université de Zurich) a été à l'origine de la dichotomie de l'entité PMD en « troubles bipolaires » et « troubles unipolaires » au début des années 60. Cinquante ans de carrière de recherche dans ce domaine et encore à l'âge de 85 ans, il continue avec ferveur son travail, notamment le développement d'une évaluation correcte de l'hypomanie à travers un projet mondial : plus de 30 pays impliqués dans la validation du spectre bipolaire type II (cf. en annexe 1 bis, le questionnaire de l'Hypomanie, dans sa version la plus récente, la "HCL-32").

Hagop Akiskal

Psychiatre américain (Centre international de l'Humeur, université de San Diego), qui, en 1977, a développé son hypothèse sur la cyclothymie (encadré) et sur la nature endogène de certaines dépressions cataloguées comme psychogènes ou névrotiques. L'originalité du travail d'Akiskal tient de l'observation clinique des patients dépressifs sur de longues périodes avec un talent de clinicien exceptionnel et passionné.

TEMPERAMENT CYCLOTHYMIQUE

I- Début indéterminé mais précoce (avant 21 ans)
II- Cycles courts intermittents avec euthymie peu fréquente
III- Troubles bi-phasiques caractérisés par des oscillations brutales

Manifestations subjectives multiples (au moins 2)

a- Léthargie → ←	- Eutonie
b- Pessimisme et ruminations	- Optimisme et insouciance
c- Obtusion mentale	- Pensée aiguë et créative
d- Estime de soi faible	- Mégalomanie

Manifestations comportementales (au moins 3)

a- Hypersomnie → ←	- Réduction du sommeil
b- Introversion	- Recherche désinhibée de contacts sociaux
c- Restriction de la parole	- Logorrhée
d- Pleurs inexpliqués	- Plaisanteries excessives
e- Productivité pauvre	- Productivité augmentée

Entre 1977 et 1983, Akiskal propose la conception du « Spectre Bipolaire » qui stipule la présence entre les formes bipolaires et unipolaires stricts, d'une multitude de formes intermédiaires, dont le trouble BP-II (hypomanies) et la cyclothymie. Le rôle des tempéraments dans la genèse et la formation des épisodes est une des avancées majeures pour comprendre la cyclothymie. Un projet international sur l'exploration des tempéraments affectifs a été lancé depuis 1995 à partir des travaux et des idées d'Akiskal. Nous sommes fiers de collaborer avec Akiskal depuis la fin des années 80.

Athanasios Koukopoulos (cf. préface)

Psychiatre italien, directeur du Centre Lucio Bini (Rome), à qui l'on doit l'approche clinique la plus fine et subtile de la bipolarité, des états mixtes, des cycles rapides et de ses interactions avec les tempéraments affectifs. Sa typologie récente des troubles bipolaires est magnifique ; elle fait l'alliance entre tempérament, nature exogène ou endogène de la cyclicité, la séquence des épisodes et la qualité de réponse aux thymorégulateurs.

Bipolarité : cyclicité exogène versus endogène, rôle du tempérament et mode évolutif (Koukopoulos et al, JAD, 2006)

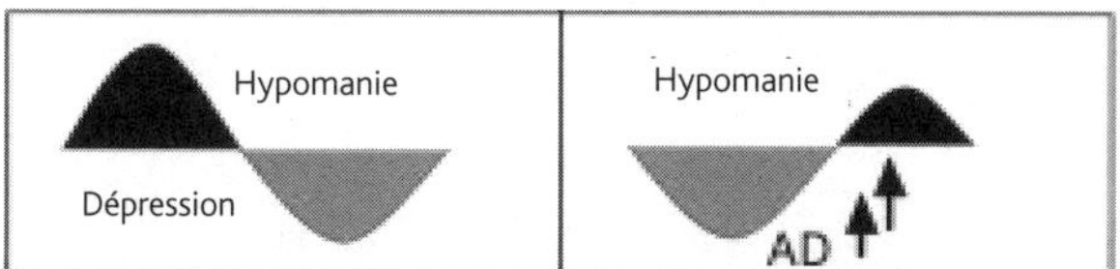

Tempérament de base	Stable - Hyperthymique	Instable - complexe Cyclothymique
Séquences	MDI	DMI
Cyclicité	Exogène (effet d'un facteur externe)	Endogène (effet d'une réactivité excessive de la personne)
Evolution	Episodique, intervalles libres	Instabilité persistante, tendance à la cyclicité rapide
Réactivité au traitement	Effet prophylactique du lithium en atténuant l'intensité du tempérament hyperthymique	Effet aggravant des antidépresseurs (formation de cycles rapides - induction de virage)

Dans cet univers flou et complexe des troubles de l'humeur et de la dépression, ces pionniers ont réussi de nous offrir une méthode diagnostique qui, à nos yeux, est intelligente, utile et originale. Elle a le mérite de ne pas se limiter aux épisodes (ce que font les classifications officielles) et ne pas se perdre dans les théories psychanalytiques.
La méthode est robuste et complète. Elle traduit la « noblesse » de la science clinique et « l'art » de l'observation minutieuse des symptômes et des signes des troubles de l'humeur. C'est la base sans laquelle tout remède risque d'être hasardeux, voire nocif.

Depuis, Angst, Akiskal et Koukopoulos ont eu leurs disciples et leurs idées ont été testées sur le terrain avec des enquêtes et des études internationales. Nous sommes fiers que la France fasse partie des premiers disciples qui ont cru et adopté les idées originales de ces experts et mis en place des enquêtes à l'échelle nationale en France[1].

---

1. Enquêtes EPIDEP, EPIMAN, ABC-TOC, TOC-ROC, EPIMAN-II-Mille, BIPOLACT-I, BIPOLACT-II (enquêtes réalisées sous la direction du Dr Hantouche ayant fait l'objet de dizaines de publications médicales).

5
Sous l'influence des antidépresseurs

Un cyclothymique présente des plaintes et des symptômes plus nombreux et complexes que les autres patients bipolaires dépressifs unipolaires. Un cyclothymique est souvent anxieux, dépressif, irritable, fatigué, inquiet, obsessionnel, phobique, boulimique, impulsif, abuseur de substance (alcool), acheteur excessif, joueur... Cela amène à des demandes de soins plus fréquentes que chez les autres patients, donc plus de consultations, qui signifie une probabilité supérieure de recevoir des médicaments, notamment des anxiolytiques et surtout des antidépresseurs.

Se soigner avec des antidépresseurs sans couverture de stabilisateurs (ou thymorégulateurs) signifie plus de complications et d'instabilité, donc un renforcement et une accentuation de la cyclothymie. Ainsi s'instaure un cercle vicieux des plaintes et des manifestations de la cyclothymie avec des traitements successifs inadaptés.
Ce cercle sera maintenu et aggravé par l'usage fréquent et sans discontinuité des antidépresseurs. Dans notre expérience, la prise de

trois antidépresseurs ou plus (comme d'ailleurs avoir consulté trois psychiatres ou plus) est évocatrice de la présence d'une bipolarité !

En plus, la cyclothymie n'est pas un facteur pathologique statique mais dynamique ; en effet, la cyclothymie évolue dans le temps :
- Non stabilisée au début, elle infiltre les fonctions psychiques du sujet et détermine ses réactions face à son environnement ; à ce stade, on attribue au cyclothymique des traits de personnalité qui vont de l'originale, excentrique, exubérante à l'instable, caractérielle, lunatique, irritable, archaïque...
- Progressivement, les premiers épisodes, souvent dépressifs, apparaissent suite à des conflits, des ruptures sentimentales, des séparations, des deuils... Des épisodes qui ont l'air d'être réactionnels, légitimes.
- Non traitée de manière correcte, la cyclothymie va subir les phénomènes de sensibilisation et d'embrasement, la personne devient de plus en plus sensible au stress et les réactions émotionnelles de plus en plus intenses, sévères et chroniques, notamment les épisodes dépressifs.

> *Mme L, 49 ans, a souffert de nombreux Episodes Dépressifs Majeurs (EDM) depuis l'âge de 19 ans. Ces épisodes peuvent durer en moyenne quatre à six mois et deviennent de plus en plus longs avec les années. Chaque EDM est accompagné d'irritabilité, de crises d'angoisse et de violence verbale. Les EDM peuvent être déclenchés par un changement dans les habitudes (départ en vacances...), l'ennui, ou être spontanés. Des phases d'hypomanie déclenchées par la présence de la famille, d'amis ou de connaissances (« tout ce qui est autour du partage et du rire ») sont trouvées depuis l'adolescence, avec euphorie, tachypsychie, augmentation du débit de parole, plus grande confiance en soi, hyperactivité, augmentation des projets, conduite dangereuse en voiture.*

Des achats compulsifs sont tout le temps présents.
Une obsession de l'apparence est présente depuis l'adolescence : besoin d'avoir une coiffure et un maquillage parfaits, une tenue impeccable (temps de préparation assez long), avec une peur de déplaire, d'être rejetée.
Pendant trente ans, Mme L. a été traitée par des antidépresseurs et des anxiolytiques dont les effets bénéfiques sont de courte durée, au début et depuis dix ans presque absents. Elle signale des effets indésirables comme subir une anesthésie affective, avoir des crises de larmes ou manifester des phases d'excitation pénible non joyeuse.

Depuis l'arrivée du Prozac® et les autres, les indications des antidépresseurs se sont élargies de manière spectaculaire. On comptabilise aujourd'hui plus d'une quarantaine de troubles susceptibles de poser l'indication des antidépresseurs. Mais nous constatons que la moitié de ces troubles peut faire partie de la cyclothymie !

- Anorexie mentale - Anxiété généralisée - **Boulimie (frénésies alimentaires avec ou sans conduites de purge)** - **Comportements d'automutilation** - **Déficit de l'attention et hyperactivité** - **Dépendance à l'alcool ou autres substances** - **Dépression majeure** - Dépression saisonnière (dépression de l'hiver) - **Dépression du post-partum** - Dysthymie (dépression mineure chronique) - **Impulsivité agressive** - **Trouble explosif intermittent** - Jalousie pathologique - **Jeu pathologique (casino, loto, pari...)** - **Labilité émotionnelle** - **Migraine** - Obésité	- **Paraphilies (conduites ou objets sexuels déviants, comme pédophilie, exhibitionnisme, fétichisme)** - **Phobie sociale (timidité excessive)** - Schizophrénie dysthymique - **Trichotillomanie (arrachage compulsif des cheveux et des poils)** - **Trouble bipolaire (épisodes dépressifs associés à la manie / hypomanie)** - **Trouble borderline de la personnalité (instabilité extrême des émotions et du comportement)** - Trouble de dépersonnalisation (sensation de détachement de la réalité) - **Trouble dysmorphie corporelle (obsession de l'apparence)** - **Trouble dysphorique prémenstruel** - **Trouble obsessionnel compulsif** - **Trouble panique (attaques de panique avec ou sans agoraphobie)** - **Trouble stress post-traumatique**

En gras, les troubles susceptibles de faire partie (ou être associés) à la cyclothymie

Pas étonnant que la décennie 90, celle de la « sérotonine – dépression – antidépresseurs » sera au début du troisième millénaire, une décennie « bipolaire – cyclothymique – thymorégulateurs ».

Pourquoi les anti dépresseurs sont-ils mauvais chez les bipolaires cyclothymiques ?

Ces psychotropes peuvent induire

- Virages maniaques (c'est-à-dire une inversion de la polarité de l'humeur), avec une levée rapide de l'inhibition dépressive vers un état d'excitation avec hyperactivité
- Aggravation de l'état général
- Pulsions suicidaires
- Agitation interne, intense avec des pensées pressantes intenables
- Insomnie rebelle avec besoin de somnifères et sédatifs
- Délire ou hallucinations (comme ça on peut changer un cyclothymique en psychotique)
- Comportements insolites ou bizarres
- Augmentation de la cyclicité du trouble (plus d'instabilité)
- Formation d'états dépressifs mixtes, prolongés et/ou réfractaires ; ainsi, l'antidépresseur peut transformer un épisode dépressif passager en une longue période complexe et résistante ![1]

(cf. figure)

1. Des études ont montré que plus de la moitié des dépressions résistantes sont de nature bipolaire.

Sort des bipolaires atténués sous l'effet des antidépresseurs

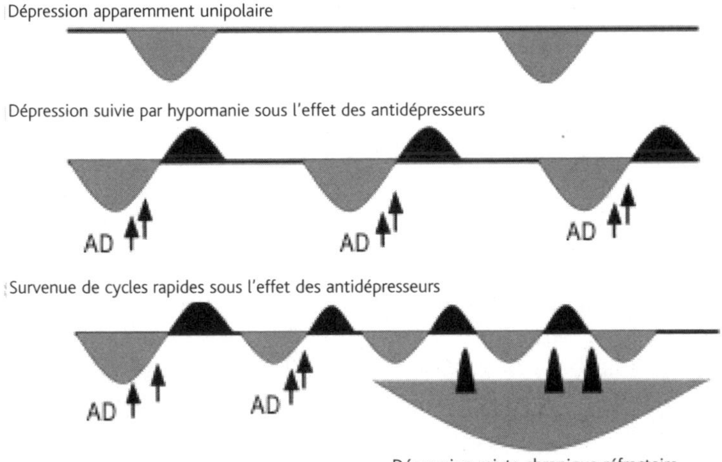

Adapté de Koukopoulos et al, JAD, 2006

D'autres complications sont également imputées aux antidépresseurs. On pense que la prise des antidépresseurs risque de sensibiliser au développement de nouvelles dépressions. De plus, les arrêts répétés du traitement antidépresseur sont responsables d'effets indésirables, nommés symptômes d'interruption brutale (impulsivité, vertiges, mauvais sommeil, confusion...) qui nécessitent la remise du traitement. C'est typiquement le cas des patients qui, après arrêt ou oublis répétés de l'antidépresseur, voient leur dépression revenir plus intense et plus grave (avec de nouveaux symptômes).

La répétition des phénomènes de sevrage est capable d'induire une résistance à l'effet antidépresseur. Ainsi, on se retrouve dans une situation bizarre où l'antidépresseur n'est plus efficace, impossible de l'arrêter et susceptible d'induire une aggravation de la cyclothymie. C'est un problème assez préoccupant qui peut être évité, tout simplement, si dès le début, les médecins ont dépisté la cyclothymie avant toute prescription d'antidépresseurs !

Tout a commencé par une dépression à l'âge de 18 ans. Elle a été traitée par Venlafaxine, un traitement antidépresseur, qui n'a eu d'effet que de me faire pousser une bonne addiction aux jeux sur Internet. Depuis cet épisode, j'ai été hospitalisé 5 fois en psychiatrie parce que j'ai développé des idées suicidaires et surtout parce que les 2 dernières fois, j'ai sérieusement voulu mettre fin à mes jours (...)

J'ai également connu des périodes où j'étais très excité. Il faut savoir que j'étais quand même sous anti-dépresseur depuis ma première dépression. J'étais désespéré. Tous ces traitements et pas d 'amélioration (...)

Je suis trop sensible, je ne supporte pas la critique et je démarre au1/4 de tour. De plus, mon humeur est pire que tout. Ça change tellement rapidement, parfois plusieurs fois/jour.

Actuellement et depuis plus d'un an, ce jeune patient est totalement déscolarisé ; malgré son penchant pour la littérature, il est incapable de poursuivre une activité scolaire régulière.

Ce cas illustre bien comment les anti-dépresseurs peuvent aggraver l'évolution d'une cyclothymie (virages hypomaniaques, accentuation de l'instabilité, conduites addictives, dépressions chroniques mixtes, conduites suicidaires), compliquant ainsi le tableau clinique et altérant l'ensemble de la vie d'un individu.

2

Caractéristiques de la cyclothymie

1
Place de la cyclothymie au sein des troubles de l'humeur

« Est-ce que la cyclothymie est synonyme de bipolarité ? » ; la réponse est oui et non :

- Oui, il s'agit d'un phénomène bipolaire, dans le sens où elle comporte des hauts et des bas, donc les deux pôles de l'humeur – énergie – activité (elle fait partie du spectre bipolaire).
- Non, car elle n'est pas uniquement une forme atténuée de la bipolarité mais une forme différente des formes classiques des troubles bipolaires : troubles bipolaires type I et II.

Avant de détailler les caractéristiques de la cyclothymie, regardons comment les troubles de l'humeur sont classés et où on peut placer la cyclothymie.

Classification des troubles de l'humeur

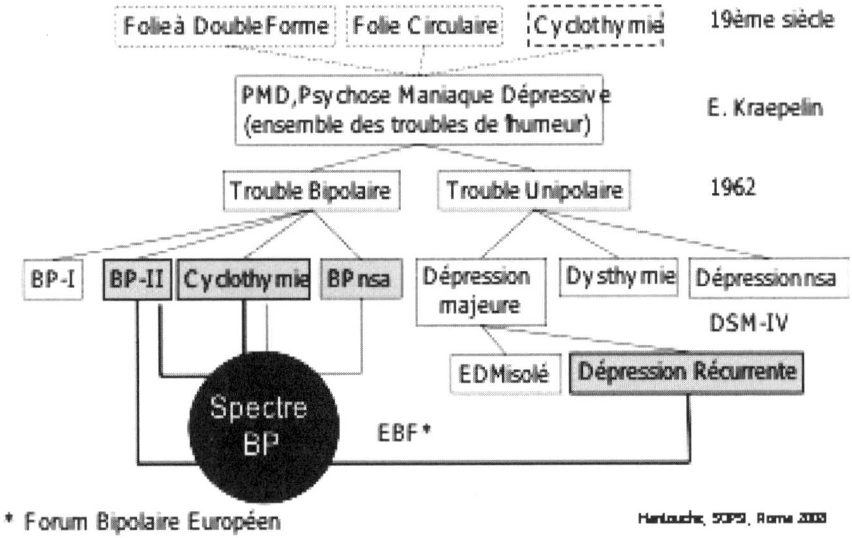

Nous constatons que la cyclothymie avait sa place dans la seconde moitié du 19e siècle et au début du 20e, puis elle a disparu pour réapparaître dans le DSM-IV et la CIM-10 (années 90) mais avec des définitions floues et une place assez discrète.

Actuellement, la cyclothymie est considérée comme faisant partie importante du spectre bipolaire, mais comme une forme distincte de bipolarité.

En effet, des différences majeures existent entre un trouble bipolaire classique et la cyclothymie.

	Trouble bipolaire classique	Cyclothymie
Episodes maniaques ou dépressifs majeurs	Présents dès le début	Absents au début (au moins 2 ans chez les adultes et 1 an chez les jeunes)
Intervalles libres entre les épisodes	Présents	Absents – présence d'une oscillation perpétuelle continue
Age de début des premières dépressions	Tardif (> 20 ans)	Tôt dans l'enfance – adolescence
Tempérament de base*	Stable, plutôt vers le haut (hyperthymie)	Instable, complexe avec des traits anxieux et une sensibilité émotionnelle excessive
Sexe	Plutôt masculin	Plutôt féminin
Fréquence des épisodes	Faible à modérée	Plus élevée Cyclicité rapide, ultrarapide
Séquence des épisodes*	(Hypo)Manie suivie d'une dépression	Dépression suivie d'une (hypo)manie
Mixité des épisodes	Peu fréquente	Classique
Réponse au lithium	Excellente	Mitigée
Comorbidité (ou troubles associés)	Modérée	Très fréquente : troubles anxieux, addictions (boulimie, abus d'alcool), troubles de contrôle des impulsions, troubles de la personnalité...

voir le schéma de Koukopoulos (chapitre 5, partie 1, page 53)

Pour faciliter cette distinction, la figure[1] qui suit illustre de manière graphique les différences entre les deux troubles bipolaires :
- Formes épisodiques (avec des intervalles libres)
- Formes cyclothymiques, instables (sans intervalle libre)

1. *Détaillée dans le livre "Soigner sa cyclothymie", Odile Jacob, 2009*

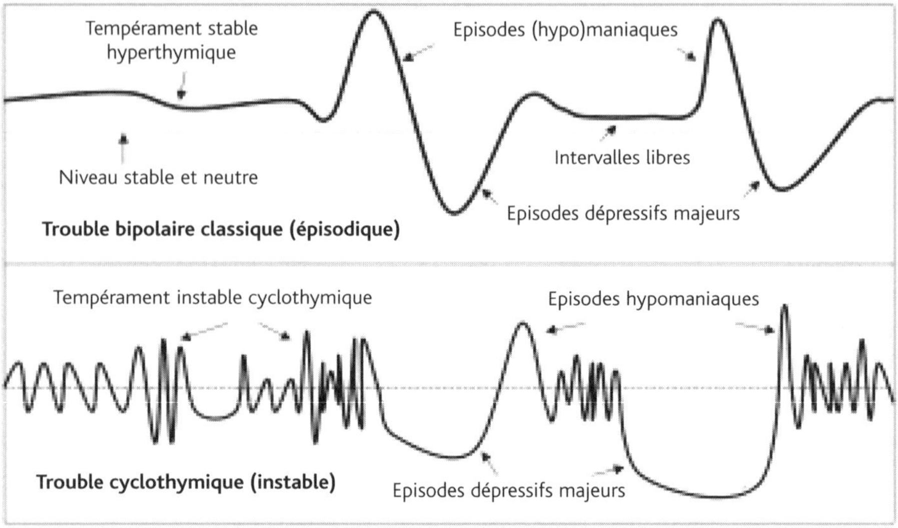

Comme indiqué dans la figure, le trouble cyclothymique comporte d'une part des épisodes dépressifs et hypomaniaques et d'autre part des signes permanents d'instabilité (changements continuels des niveaux d'humeur, d'activité et d'énergie). Cette caractéristique est fondamentale à retenir car elle va servir de base pour les stratégies de gestion. Celle-ci doit tenir compte des **« grandes vagues »** (c'est-à-dire les épisodes) et surtout les **« petites vagues »** qui ont le plus d'incidence sur votre qualité de vie professionnelle, sociale et amoureuse. Nous n'insisterons jamais assez sur le rôle des « petites vagues » cyclothymiques et l'importance d'une gestion efficace au quotidien.

Ne soyez pas victimes des idées reçues ; la psychiatrie a eu la fâcheuse habitude de nous indiquer la maladie dans ses formes les plus intenses et caricaturales. Dans les troubles de l'humeur, les « grands problèmes » sont, en réalité, dans votre quotidien, dans les « petites vagues » qui représentent l'aventure essentielle d'une âme en quête de sérénité, de quiétude et de stabilité.

2
La cyclothymie est un Shadow Syndrome[1]

Bien qu'on soit dans l'ère de la bipolarité, le diagnostic de ce trouble ne se fait (même actuellement) qu'après un délai moyen de dix ans de suivi médical ou psychologique ! La cyclothymie peut et doit pouvoir se diagnostiquer au-delà des manifestations symptomatiques.

Les psychiatres sont les médecins de l'inconscient, de l'indicible, de l'invisible ; mais dans le domaine des troubles de l'humeur, comme l'apôtre Thomas, ils veulent « voir pour croire ». Ils attendent la survenue d'accès maniaques ou hypomaniaques francs typiques pour penser « trouble bipolaire ». Mais, les cyclothymiques consultent rarement en phase hypomaniaque et souvent ces phases ne sont pas sévères. Ils n'ont pas l'intensité des phases maniaques.

De plus, les cyclothymiques ne présentent pas de signes psychotiques (délire, hallucinations, discordance...) et sont exceptionnellement hospitalisés. Par conséquent, la probabilité de rater le diagnostic de bipolarité est assez élevée. En effet, une récente étude a révélé que les médecins ratent le diagnostic bipolaire si le patient est de sexe féminin, sans psychose, jamais hospitalisé[2] !

Dans ce contexte, pour qu'elle soit visible aux yeux des cliniciens, la cyclothymie doit évoluer sur des années et se manifester de plus belle en s'aggravant par les antidépresseurs ou l'abus de substances comme le cannabis, l'alcool ou les stimulants.

Effets pervers des antidépresseurs

Mlle D, 28 ans, consulte le CTAH. Elle présente depuis des années une évolution chaotique de ses troubles de l'humeur : dépression récurrente avec phobie sociale qui, progressivement, ont évolué vers une bipolarité suite à un épisode de fugue pathologique avec un ami psychopathe de rencontre quasi fortuite sur Internet. Depuis, elle a récemment réitéré un nouvel épisode identique lors d'une brève hospitalisation en psychiatrie avec un autre patient hospitalisé. Selon le psychiatre actuel qui l'a connue en pleine transformation bipolaire, c'est un cas de trouble bipolaire à cycles rapides avec dominance des dépressions récurrentes mixtes difficile à stabiliser. En effet, il signale que Mlle D. a reçu de nombreux traitements, pratiquement la totalité des psychotropes disponibles.

L'épisode récent est dominé par une péjoration de l'avenir (menace d'invalidité), idées suicidaires sans passage à l'acte (mais on compte déjà de nombreuses tentatives de suicide), troubles du comportement avec agressivité, chantage affectif, clinophilie (reste au lit), asthénie, susceptibilité excessive, provocation, période d'agitation menant à des joggings nocturnes ou à des activités ménagères compulsives (symptômes hypomaniaques intriqués avec l'épisode dépressif).

L'instabilité émotionnelle reste préoccupante, l'angoisse paralyse l'affrontement avec le milieu professionnel. Les traitements médicamenteux et psychologiques se sont révélés incapables de prévenir les rechutes jusqu'à présent.
En reprenant l'histoire, tout a commencé par une cyclothymie typique (score 21/21 sur le tempérament cyclothymique, la totale). Les soins psychiatriques ont commencé déjà à l'âge de 13 ans. Les antidépresseurs instaurés vers 18 ans ont donné un bon résultat au début, mais vient le fameux virage hypomaniaque (fugue pathologique avec une personne qui a fait la prison).

Pourquoi la cyclothymie est-elle à ce point invisible ?

On admet qu'il existe des obstacles « naturels » contre le dépistage correct de la bipolarité. Les difficultés se trouvent au niveau du repérage en pratique de l'hypomanie ainsi que de la cyclothymie !

Certains obstacles sont du fait des patients qui consultent rarement en phase hypomaniaque (contrairement aux phases dépressives)

- En effet, les symptômes hypomaniaques sont socialement désirables et rarement vécus comme pathologiques ; c'est le côté « soleil » de l'hypomanie (cf. page 87).
- Beaucoup de symptômes hypomaniaques ne comportent que peu de handicap.
- Les épisodes hypomaniaques sont brefs (durée moyenne de 2 à 4 jours) et donc plus courts que les épisodes dépressifs.

D'autres obstacles sont le fait des médecins

- Ils n'évaluent pas la dépression et l'hypomanie simultanément.
- Ils tendent à ne pas tenir compte des épisodes hypomaniaques (seuls les épisodes de manie sont retenus comme indicateurs de bipolarité).
- Ils interprètent les traits cyclothymiques comme des traits de personnalité (hystérie, narcissisme, borderline...) et non comme des indices d'un trouble de l'humeur spécifique.
- Ils interrogent rarement l'entourage proche qui reconnaît plus facilement l'aspect pathologique de l'hypomanie et la cyclothymie (que le patient).
- Ils n'ont pas l'habitude de dépister l'hypomanie et la cyclothymie de manière systématique en utilisant les autoquestionnaires (voir annexes).

---

1. Maladie de l'ombre, invisible, de Rattey & Johnson, « Shadow Syndromes », Pantheon Books, New York, 1997
2. Article de Mantere et al, publié dans Journal Bipolar Disorders 2008; 10: 238-44

3
Suis-je concerné(e) par la cyclothymie ?

Il existe une liste interminable des plaintes observées dans la cyclothymie. Toutefois, il y a des indices et des situations qui nécessitent la recherche de la cyclothymie.

r J'ai déjà présenté 3 épisodes dépressifs ou plus

r J'ai fait ma première dépression avant l'âge de 20 ans

r J'étais dans mon enfance irritable, sensible, très émotif(ve) et/ou original(e)

r J'ai présenté une dépression du post-partum (après un accouchement)

r J'ai déjà consulté 3 médecins / psychologues ou plus

r On m'a collé 3 diagnostics différents (mon diagnostic changeait avec les médecins ou dans le temps)

r Je fais de l'anxiété complexe (mélange de panique, anxiété sociale, obsessions, phobies…)

r Je suis dans l'excès de tout (sexe, travail, achats, nourriture, sorties, alcool…)

r Je suis une personne susceptible d'avoir des conduites impulsives

r On m'a dit que j'étais lunatique, hystérique, narcissique ou borderline

r J'ai déjà pris 3 antidépresseurs ou plus

r Je réagis mal aux antidépresseurs (je me sens bizarre, ma dépression s'aggrave, je dors mal…)

r J'ai déjà fait des virages avec les antidépresseurs (survenue d'hypomanie, je me sentais trop bien, mieux que mon état normal…)

r J'ai dans ma famille des proches qui sont connus bipolaires, trop exubérants ou instables, ou traités avec les sels de lithium

La présence d'un (ou de plusieurs) de ces indices est une occasion pour chercher la cyclothymie.

Suspecter la bipolarité / cyclothymie : avant, pendant ou après la dépression

Vous faites essentiellement des dépressions et aucun indice visible ou flagrant ne suggère pas à votre médecin la présence d'une bipolarité. Rappelez-vous que la cyclothymie est avant tout un trouble qui prédispose à la dépression et se manifeste par des dépressions précoces et surtout récurrentes. Il est donc important de pouvoir

« lire entre les lignes » pour s'apercevoir que les dépressions ne se ressemblent pas et qu'une proportion importante reflète tout simplement une cyclothymie.

L'encadré qui suit vous permet de suspecter une cyclothymie dans trois périodes : avant les premiers épisodes dépressifs, pendant les épisodes et sous les effets des antidépresseurs.

Avant la dépression	Pendant la dépression	Effets du traitement antidépresseur (AD)
❐ Traits cyclothymiques (instabilité, hauts et bas)	❐ Idées obsédantes de mort ou suicide	❐ Virage hypomaniaque
❐ Caractère original – exubérant - irritable	❐ Culpabilité	❐ Guérison rapide (moins d'une semaine)
❐ Histoire familiale de bipolarité	❐ Agitation ❐ Irritabilité	❐ Survenue de conduites agressives
❐ Histoire familiale de suicide	❐ Pensées encombrées ❐ Pensées rapides	❐ Insomnie rebelle aux hypnotiques
❐ Anxiété complexe : panique, timidité, obsessions	❐ Dépersonnalisation ❐ Déréalisation	❐ Survenue de pulsions suicidaires
❐ Abus de substance (alcool, cocaïne, stimulants)	❐ Conduites et plaintes pseudo-hystériques	❐ Bonne réponse suivie d'un échappement
❐ Anxiété de séparation depuis l'enfance	❐ Hypersomnie ❐ Hyperphagie	❐ Récurrence élevée ❐ Cycles rapides

Rappelez-vous que la cyclothymie préexiste à l'apparition des premières dépressions et survit à leur disparition. (G. Deny, 1909)

4
Comment sait-on qu'on est cyclothymique ?

En premier, passez le test de bipolarité - cyclothymie[1]

Le texte présenté ci-dessous est un condensé des caractéristiques cliniques de la cyclothymie. Il est rédigé sous la forme d'une histoire (50 items).
Lisez cette histoire et cochez la ligne ___X___ lorsque l'item correspond à une partie de votre propre histoire.
Pensez à votre histoire depuis le début et ne vous limitez pas à votre état actuel.

Certains sujets font des dépressions ______ ayant débuté à un âge précoce (avant l'âge de 25 ans) ______. Ils sont souvent fatigués sans raison ______. Ils remarquent que leurs niveaux d'humeur et/ou d'énergie fluctuent de manière importante d'une période à une autre ______. Ces sujets sont de bonne humeur qui, sans raison, vire à instable, irritable ou triste ______. Ces sujets remarquent que leur humeur ou énergie est trop haute ou basse, rarement entre les deux

_______. Ils ont des périodes d'agitation ou d'excitation alternant avec des périodes d'inactivité totale _______. Ils peuvent se sentir en « avance rapide » (comme une formule 1) alternant avec des moments où ils sont au ralenti _______. Il y a des moments où ils ressentent de grandes ressources et d'énergie alternant avec l'impression d'être limité et assez inerte _______. Leur pensée est par moments aiguisée et créative mais alternant avec des moments de confusion et de fatigue mentale _______. Ils peuvent être très bavards avec beaucoup de blagues puis des moments où ils sont silencieux, peu causants et en retrait, au bord des larmes _______. Ils peuvent être agréables avec un vif intérêt pour les autres puis perdent tout intérêt et de plaisir pour ce qui les entoure _______. Ces sujets ont besoin de côtoyer du monde avec une sensation de plaisir à la vie en groupe qui alterne avec un isolement social ou un évitement des autres _______. Ils présentent des changements brusques des traits de personnalité en passant sans avertir d'un état confident, gentil, affectueux et énergétique à celui de triste, grincheux, hostile et méchant _______.

Ces sujets ont déjà fait des dépressions « majeures » avec ou sans raison _______. Des phases hautes peuvent survenir immédiatement et dérouter leur entourage proche _______. Il arrive que ces sujets présentent des phases où ils sont gais et tristes en même temps _______ ; ou des phases où ils sont tristes et en même temps hyperactifs ou assez agités _______ ; ou des phases où ils sont dépressifs mais en même temps avec un excès de libido _______, une surabondance de pensées _______, une tension intérieure extrême _______, une tendance à tout critiquer _______.

Ces sujets ont un besoin de sommeil qui est souvent variable, de peu important (quelques heures) à un besoin de sommeil plus long (plus de 10 heures) _______. Leur capacité de travailler varie entre acharnée et hyper productive à une faible productivité et un besoin de longues heures de récupération _______. Ils peuvent s'investir dans des activités qui font plaisir alternant avec un ras-le-bol total de ces mêmes activités autrefois plaisantes ______. Ils ont des périodes d'optimisme ou d'exagération de ce qu'ils ont pu faire et accomplir alternant avec une attitude pessimiste de l'avenir ou une culpabilité excessive du passé ______. Leur estime de soi est assez fluctuante : d'assez forte et élevée à une perte totale de confiance en soi et une grande autocritique ______.

Ils ont par moments des envies d'achats compulsifs ou d'extravagances financières ______. A d'autres moments, ils se morfondent de culpabilité avec des actes d'autopunition ______. Leur sexualité peut être importante alternant avec une sexualité pauvre ou un évitement de la sexualité ______.

Ces sujets ont par moments des envies de boire trop d'alcool (plus que d'habitude) ______, de fumer trop ou boire trop de café ______, de consommer des stimulants comme la cocaïne ______, de conduire vite et de manière imprudente ______.

Ces sujets ont une scolarité, une vie professionnelle, une vie affective et conjugale qui ont été instables, chaotiques, « en zigzag » ______. Ils ont déjà consulté plusieurs médecins, psychologues, psychiatres (au moins trois) ______.

Ils ont déjà reçu des diagnostics multiples comme « dépression », « TOC », « anorexie / boulimie », « anxiété », « troubles de l'attention », « comportements excentriques », « attaques de panique », « alcoolisme », « abus de drogues » (au moins trois diagnostics) ______. Ils sont à des degrés divers des inquiets, des anxieux, des obsessionnels, des phobiques, des préoccupés, des hypocondriaques, des douteux, des perfectionnistes (au moins trois) ______. Ils redoutent le rejet ______, et gardent depuis l'enfance une forte anxiété de séparation ______. Ils sont souvent reconnus comme « Borderline » ou doutent de l'être ______. Ils ont constaté que le diagnostic psychiatrique changeait avec le temps ou avec les médecins ______. Ils ont déjà fait des tentatives de

suicide ______. Ils ont déjà pris des antidépresseurs (au moins trois) sans obtenir de bon résultat ______. Au lieu de devenir de meilleure humeur, ils sont sous antidépresseurs plus irritables ou agressifs qu'à l'habitude ______. Ou au contraire trop heureux, trop agités, trop speed, hyperactifs ______.
Des membres de leur famille ont été reconnus comme « bipolaires » ______, des dépressifs ______, ou ayant commis le suicide ______, ou soignés par des sels du lithium ______.

Veuillez compter maintenant les lignes cochées : ....
(nombre maximum de 50 ; si vous avez coché 25 ou plus il est fort probable que vous ayez une cyclothymie)

Maintenant, relisez les items cochés et faites la synthèse en remplissant le tableau qui suit :

Est-ce que je présente ?	oui	non
Un trouble de ma sensibilité émotionnelle se manifestant à partir de l'adolescence (parfois avant)		
Des oscillations perpétuelles d'un pôle à un autre comme «faire le yo-yo» ou Zig-zagger entre les hauts et les bas		
Des changements brusques, sans motifs suffisants, d'un état à un autre (entre les hauts et les bas)		
Des « hauts » (trop d'énergie et activité) et des « bas » (manque d'énergie et hypoactivité) teintés émotionnellement par des sentiments d'exaltation euphorique, d'irritabilité ou de tristesse		
Une évolution au long cours de manière « circulaire » et récurrente où les Hauts et les Bas se succèdent et se remplacent au bout de quelques heures ou jours		
Une incapacité de maintenir l'enthousiasme pour de nouveaux projets en raison de l'instabilité des niveaux d'énergie et de motivation		
Des conséquences négatives dans ma familiale, sociale et/ou professionnelle (conflits relationnels, ruptures, démissions, licenciements...)		
Un trouble qui semble saboter mes opportunités pour avoir une vie en quelque sorte stable et sereine		

Dans cette synthèse, 4 réponses positives ou plus évoquent le diagnostic de cyclothymie.

Vous avez probablement constaté que l'accès au diagnostic de cyclothymie (ou de bipolarité discrète) est possible grâce à une recherche minutieuse d'indices spécifiques. Cette recherche est facilitée ou complétée par la contribution d'un de vos proches qui vous connaît bien et capable de repérer les excès hypomaniaques et l'instabilité cyclothymique.

C'est tout l'art de capter le « détail », l'indice spécifique d'un trouble qui se cache derrière un autre (dépression, TOC, boulimie, abus d'alcool...) ou qui vous paraît simplement invisible.

Enfin, nous proposons (habituellement pour les médecins et psychologues), la règle des « 10 commandements » pour faciliter le diagnostic d'un trouble bipolaire en dehors des cas évidents qui se présentent avec des épisodes de manie franche, euphorique et typique. Ces cas typiques sont désignés par "troubles BP-I". En revanche, la cyclothymie occupe une place importante dans le spectre bipolaire. Son diagnostic nécessite un dépistage systématique.

Dix commandements
pour le diagnostic de la bipolarité*

1. Tu dresseras le portrait du dernier épisode : Polarité – Intensité – Mixité
2. Tu ne confondras point entre « épisode » et « trouble »
3. Tu feras plusieurs entretiens
4. Tu utiliseras de manière systématique les questionnaires
5. Tu garderas en mémoire la transformation bipolaire des dépressions
6. Tu définiras le mode évolutif (âge de début, cyclicité, circularité, séquence des cycles, nombre des épisodes)
7. Tu prendras l'habitude d'illustrer l'ensemble des dérèglements de l'humeur
8. Tu identifieras les tempéraments de base
9. Tu enquêteras sur l'histoire familiale
10. Tu seras assez attentif aux changements induits par les psychotropes (antidépresseurs) ou les stimulants (alcool, cocaïne, cannabis...)

* Ces consignes sont destinées aux médecins et psychologues.

1. *Ce test a été élaboré en 2008 par le Dr Hantouche avec la collaboration de Marie, administratrice du forum www.bipolaire-info.org.*

5
Les épisodes cyclothymiques

Dans la cyclothymie, les épisodes d'hypomanie et de dépression peuvent ressembler aux épisodes observés dans les autres formes de bipolarité. Cela dit, il existe des différences liées à la présence de cette instabilité permanente qui raccourcit l'âge de début, interagit avec les manifestations cliniques des épisodes, augmente le risque suicidaire, dicte la « marche » du trouble au long cours, influence la réactivité aux traitements...

Hypomanies cyclothymiques

L'hypomanie est la phase d'exaltation, d'hyperactivité, d'euphorie et d'excitation psychique. Beaucoup de cyclothymiques apprécie cette phase ; toutefois, l'accélération, l'intensité et la surabondance de la pensée peuvent altérer le jugement de la personne et rendre l'excitation pénible et difficile à vivre. Ainsi, dans une proportion non négligeable des hypomanies, l'humeur dominante est la colère et l'irritabilité (et non l'euphorie) !

Dans l'annexe 2, vous trouverez les critères aidant à porter le diagnostic d'hypomanie (critères issus des derniers travaux du Pr Jules Angst)

Cela fait deux semaines que je suis en pré-hypomanie et depuis hier, en hypomanie.
Comme toujours dans ces phases, la foule, les transports en commun me sont quasiment insupportables. Je n'arrive pas à mettre une idée devant l'autre, toutes les attitudes des gens, tous les détails m'accrochent. Je dois me déplacer en taxi ; car il est inenvisageable que je prenne le métro aux heures de pointe.
Aussi, quand on dit que tout le monde veut être en hypomanie, que c'est très bien de réfléchir vite... je ne suis pas d'accord. Pour moi, cette rapidité est invivable, voire invalidante. Je ne sais pas vivre avec un cerveau si rapide. Je ne sais pas interpréter les réactions des gens. Quand ils sont lents (en fait à leur rythme) je crois qu'ils se moquent de moi en me faisant poireauter. Je ne supporte pas quand mes collègues parlent et m'empêchent de travailler (ce qu'on appelle de manière très douce : l'irritabilité). Si une voiture barre la route sur le trottoir, il me vient l'idée de marcher sur le capot pour gagner du temps... Quand je vois une personne en photo, je pense à ce qu'elle pense, à ce qu'elle a fait avant, après...

Comparée à l'hypomanie observée dans le trouble BP-II épisodique, l'hypomanie cyclothymique est plus intense, sévère et surtout plus fréquente. De plus, la dimension « négative – irritable – avec prise de risque » est plus manifeste et intense[1].

En effet, l'hypomanie comporte une double dimension : une dimension « soleil » avec des aspects « positifs » et une dimension « sombre » avec des aspects négatifs (dont l'irritabilité, les troubles de l'attention et les conduites à risque).

Aspects positifs de l'hypomanie	Aspects négatifs de l'hypomanie
- Euphorie ou exaltation - Se sentir plus "fort" - Énergie excessive - Facilité du contact - Moins de timidité, moins d'inhibition - Syntonie avec l'entourage - Davantage de plaisir à faire plus de travail - Rapidité de la pensée, idées soudaines - Plus de productivité et de créativité - Sensations que tout peut s'arranger - Soulagement par rapport aux moments dépressifs - Compensation des retards cumulés lors des phases dépressives - Perte des inhibitions (se sentir plus à l'aise avec les autres)	- Effets délétères au niveau relationnel (trop de conflits) - Perturbation du jugement - Comportements incohérents - Manque de contrôle des pulsions - Conséquences professionnelles ou scolaires péjoratives - Difficultés financières ; dépenses excessives - Plus de déplacements et d'imprudences au volant - Se doter d'une image d'irresponsable, de paranoïaque, d'antisocial - Sensations de colère / d'irritabilité - Ignorer le fait d'être malade et négliger ou refuser ainsi le traitement - Augmentation de la consommation de café, cigarettes et d'alcool - Augmentation des pulsions sexuelles avec rapports non protégés [2]

Dépressions cyclothymiques

Ce sont les phases de la maladie qui font le plus de mal (selon le patient). Les patients et leur entourage sont plus attentifs à ces phases qu'aux moments de hauts hypomaniaques, souvent considérés comme des phases de normalité ou des phases « les plus saines » (aspects positifs de l'hypomanie). Cependant, les hypomanies sont de durée plus courte que les phases dépressives au cours desquelles le sujet subit le contraste flagrant par rapport aux phases « hautes ».

« Aller jusqu'au bout d'une tâche simple est parfois un parcours du combattant ; la persévérance, la discipline et la rigueur sont difficiles à acquérir d'une manière permanente...
Se lever du lit peut représenter une véritable corvée, même si l'on demande à un ami, un voisin ou un proche d'arriver avec un porte-voix.
Se coucher relève parfois d'une mission impossible, notamment quand on est débordant d'énergie. Souvent, les fantômes du passé resurgissent, sans préavis ; vous prévoyez une activité plaisante et sans raison apparente, vous y renoncez, la déprime vous prend en otage ou vous êtes prisonnier de l'angoisse. Vous êtes séduit par l'hypomanie et les complications qu'elle engendre parfois. Parfois, l'herbe est plus verte ailleurs : Proust disait qu'on aime que ce que l'on ne possède pas ! C'est parfois la fuite en avant quand on n'est pas satisfait de sa situation... »

En reprenant les descriptions initiales de Hecker et de Kahn, la dépression cyclothymique se caractérise par certains éléments, comme :
- Une survenue brusque,
- Un état d'inhibition psychomotrice extrême,
- Un besoin excessif de sommeil,
- Une pensée confuse et lente,
- Des sensations émoussées,
- L'impression d'avoir un mur érigé entre le sujet et le monde extérieur (la sensation d'un rideau qui tombe),
- La conversation avec les autres devient pénible,
- Le travail devient une corvée, même pour les activités au quotidien les plus simples,
- Une anxiété intense est mêlée aux sentiments de tristesse et des gémissements,

- Des pensées suicidaires obsédantes, même inattendues (à ne pas prendre à la légère), qui sont atténuées et soulagées quand elles sont ouvertement exprimées ; un désir de suicide pressant,
- Une excitation hypomaniaque (pensée abondante, irritabilité, agitation mentale ou physique, excès de plaintes et de critiques...) presque constante qui s'ajoute au syndrome dépressif,
- Une tendance à l'évitement social ; les cyclothymiques n'aiment pas être vus dans ces moments de déchéance psychologique (Ainsi, le cercle d'amis est protégé et mis à l'écart de cette souffrance. Mais le patient court le risque d'être incompris par ses amis),
- Des plaintes excessives de tout et de leur état physique (trop de plaintes physiques pour avoir l'étiquette d'hypocondriaque),
- La persistance, malgré l'état de fatigue et d'inhibition, d'une fâcheuse tendance marquée à tout critiquer et à râler. Les cyclothymiques sont d'éternels insatisfaits ; ils se plaignent de l'état sanitaire de leur chambre, de la qualité des repas, de l'attitude des infirmières... *(Pour Hecker, c'est un point spécifique des cyclothymiques, qui les différencie des autres dépressifs).*

Le cyclothymique perçoit son état dépressif comme une énorme souffrance ; il est envahi par l'absence totale d'espoir et de courage. Son entourage croit que la rémission est impossible, malgré la rémission des épisodes antérieurs similaires ; et cela parce que le cyclothymique pense que « les autres épisodes n'ont jamais été aussi graves que cette fois-ci » - ainsi chaque rechute dépressive donne l'impression que c'est la pire de toutes et la chance de rémission est impossible.

Comparée aux autres dépressions, la dépression cyclothymique se distingue par :
- Un nombre plus important de symptômes dépressifs au sein de l'épisode avec une fréquence élevée de la culpabilité, des idées de

mort et d'agitation psychomotrice ; donc, une sévérité globale plus prononcée
- Une fréquence plus importante des états mixtes. Même en phase dépressive, on ne perd pas sa cyclothymie. Ce mélange de dépression et d'instabilité fait que les symptômes de haut et de bas coexistent et se superposent. Donc, survenue des dépressions irritables, agitées, avec excitation mentale, une tension interne intense...
- Un degré de récurrence plus élevé
- Un risque suicidaire plus élevé en raison d'une récurrence plus importante des épisodes dépressifs et de la survenue plus fréquente des états mixtes.

En résumé, la cyclothymie comporte les épisodes dépressifs et hypomaniaques qui surviennent sur un « terroir » particulier, un tempérament instable avec une réactivité émotionnelle excessive, une hypersensibilité morale, affective et sensorielle. Les épisodes apparaissent souvent comme une exagération du tempérament de base qui, en plus, est responsable d'autres manifestations ou troubles (cf. chapitre 6).

---

1. *Hantouche, Angst et Akiskal, JAD 2003 ; Akiskal et al JAD 2003.*
2. *Des études récentes ont montré une prévalence élevée de la cyclothymie chez les personnes séropositives pour le VIH.*

6
Le monde complexe « multipolaire » des cyclothymiques

Être cyclothymique, c'est vivre des hauts et des bas de l'humeur et de l'énergie. C'est alterner de manière continuelle entre des périodes où vous vivez à deux cents à l'heure et d'autres où vous êtes aussi ralenti qu'une voiture qui a du mal à démarrer. C'est la signature spécifique à tous les cyclothymiques.

Mais vous réalisez que ce phénomène « bipolaire » (alternance des hauts et des bas) est nécessaire mais pas suffisant pour décrire votre cyclothymie.

Être cyclothymique, c'est aussi vivre le temps de quelques heures, de quelques jours, des fantasmes de toute-puissance, accompagnée de capacités surhumaines.
C'est également la propension à la rêverie diurne, qui, à l'excès, peut devenir péjorative, mais en même temps, peut générer des scénarios de vie ou des idées, des rêves qui se concrétisent en des objectifs réalisables. C'est un ingrédient précieux de la créativité !

Être cyclothymique, c'est en fait être « caméléon » dans sa manière d'être, d'aimer, de gérer les conflits et les situations difficiles. C'est vivre sous plusieurs modes : dépressif, euphorique, irritable/impulsif, anxieux ou tout à la fois. C'est comme un « tempérament arc-en-ciel » - une palette de toutes les couleurs émotionnelles et affectives.
Souvent une « couleur émotionnelle » domine : le « noir » pour la dépression, « le rouge » pour l'hyperthymie, le « jaune » pour la colère et l'irritabilité...

Dominance des traits du tempérament dépressif

qui contribuent à favoriser l'expression de la composante dépressive de la cyclothymie (repli sur soi, évitement du contact avec les autres, perte de confiance en soi, altération de la capacité de travail...). Comme si le tonus de base était faible. La personne est de nature sombre, triste, pessimiste, hypercritique, consciencieuse, conformiste, disciplinée, silencieuse, timide... Les phases dépressives sont en quelque sorte une exagération du tempérament de base. Ce qu'on appelle une " double dépression ".

Dominance de l'hyperthymie

Une nature à l'opposé du tempérament dépressif, avec une tendance à être en permanence dynamique, énergique, entrepreneur, initiant des projets à n'en plus finir, gardant un optimisme de fer, intimidant et jamais timide... L'hyperthymie favorise la sociabilité ; en cas de souffrance psychique, la personne utilise son extraversion pour "se soigner" par le contact avec autrui, sa confiance en soi et son indulgence envers soi-même (même si elle se juge sévèrement, elle n'arrive jamais à se détester). Elle utilise également sa "volonté de fer" pour ne pas sombrer dans la déprime et se défoule dans le travail, les projets, les sports... Cette obstination est souvent à double tranchant :

elle aide à ne pas déprimer, mais en même temps masque la dépression (au point du déni de la maladie) et altère la santé par les excès. Aussi, les cyclothymiques hyperthymiques sont-ils capables d'endurer leur trouble mais jusqu'à un certain âge. Au-delà de 40 ans, ils sont à haut risque de s'écrouler. C'est à ce moment qu'ils vont consulter et demander de l'aide.

L'image des « vagues »

Elle peut vous aider à comprendre les rapports entre votre trouble cyclothymique (« grosses vagues occasionnelles » qui surviennent comme des tempêtes ou des tsunamis) et la dominante de votre tempérament de base (« petites vagues persistantes en temps normal » qui sont continuelles), qu'il soit intense et fort (hyperthymique) ou faible et peu intense (dépressif).
D'autres composantes peuvent également faire partie du tableau clinique de la cyclothymie.

Cyclothymie :
Interactions entre les épisodes et les traits du tempérament de base

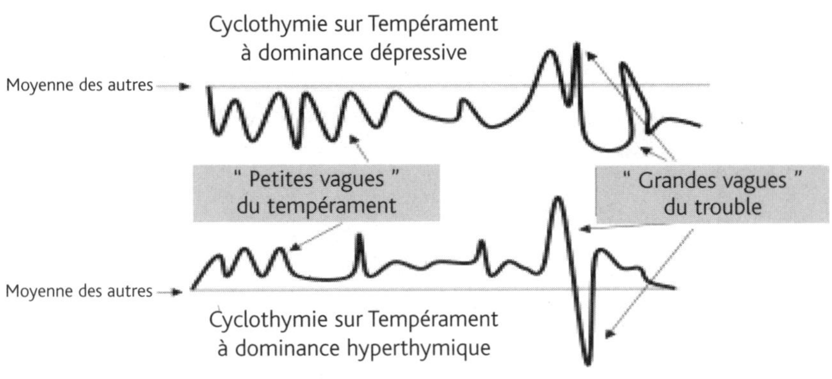

Anxiété (et insécurité) avec des soucis, de l'anxiété sociale, des phobies, des crises de panique et/ou des obsessions (parfois de vrais TOC). Les traits du tempérament anxieux sont fréquents au sein de la cyclothymie. La personne se fait trop de soucis et se tracasse pour un rien. Elle est dépendante des autres, peu confiante, sensible à l'abandon et à la désapprobation, préoccupée par l'échec... Elle s'attend au pire même quand tout va bien. Elle n'aime pas les surprises et les nouveautés. Elle a appris à appréhender et rester aux aguets, ce qui lui donne l'impression de maîtriser les événements de la vie de tous les jours. Cette nature anxieuse est un facteur de prédisposition à la dépression et à d'autres troubles. L'interaction de cette nature avec la cyclothymie est responsable d'une amplification de la souffrance et surtout d'une augmentation du risque suicidaire.[1]

Impulsivité et tendance aux addictions (et abus) qui se traduit par des frénésies alimentaires, des conduites sexuelles à risque, de l'abus de substance (alcool, cocaïne, cannabis...), des conduites antisociales (fugues, vols, actes délictueux...). Dans ce cas, les dépressions sont hostiles et les hypomanies rarement euphoriques (plutôt dysphoriques irritables). Ce qui est le plus visible est la dominance des conflits et les conduites de violence. Le piège dans cette variante est de confondre la cyclothymie avec la personnalité Borderline. Cela dit, la personne peut présenter en même temps une cyclothymie et une personnalité Borderline (l'une n'est pas exclusive de l'autre) (Encadré).

---

1. Résultat récent de l'étude LEBANON conduite par le Pr Elie Karam (validation des tempéraments affectifs dans la population libanaise). Congrès IRBD, Lisbonne, mai 2009.

Conflits relationnels

C'est probablement le symptôme le plus commun qui incite la personne cyclothymique à consulter (en dehors des phases dépressives). Les changements perpétuels et circulaires de l'humeur influencent en réalité la qualité des relations avec autrui.

Voici un aperçu du « monde multipolaire » du cyclothymique, à la fois vulnérable et intouchable, riche en troubles variés qui dépassent le cadre des dérèglements bi-phasiques de l'humeur.

Vous reconnaissez-vous dans les propositions ci-dessous ?

- ❑ J'ai envie d'être seul / Les autres me saoulent
- ❑ Je suis très nerveux quand je rencontre du monde
- ❑ J'ai envie de parler à personne
- ❑ Si quelqu'un me critique (même très légèrement ou sous forme d'humour), je suis très sensible
- ❑ Je suis plus irritable avec les autres que d'habitude
- ❑ J'ai toujours peur de ne pas dire ce qu'il faut
- ❑ Je sens que personne ne me comprend
- ❑ J'ai peur d'être quitté
- ❑ Je n'ai plus envie d'être (amoureusement) avec qui que ce soit
- ❑ Je n'ai plus envie de sortir avec qui que ce soit
- ❑ Je me suis replié sur moi
- ❑ Je me sens étouffé en public, alors je reste chez moi
- ❑ Je me sens paralysé devant les autres
- ❑ Je me sens inconfortable, si je me retrouve au devant de la scène
- ❑ Je ne sens pas que je mérite l'amour et l'amitié des autres
- ❑ Les compliments me mettent mal à l'aise
- ❑ Je me bagarre souvent (ou je suis souvent en conflit) avec les autres

Il n'y a pas de score seuil mais plus vous cochez d'items qui vous correspondent, plus la qualité de vos relations est altérée.

Voici un aperçu du « monde multipolaire » du cyclothymique, à la fois vulnérable et intouchable, riche en troubles variés qui dépassent le cadre des dérèglements bi-phasiques de l'humeur.

7
Validation de la cyclothymie dans la recherche actuelle

La cyclothymie en tant que « trouble » et « tempérament » prend de plus en plus d'importance dans les travaux de recherche. Ainsi, la précocité de l'âge de début, l'instabilité (avec les changements et virages brusques), la complexité clinique (avec la comorbidité), les conduites de suicide et d'automutilation, l'activation excessive par les antidépresseurs, etc., sont reconnues comme des indices caractérisant une forme de bipolarité à part, qui est désignée par « cyclothymie ».

En parlant de précocité et d'instabilité, l'étude conduite conjointement avec le Dr Kochamn[1], a montré que 31 % des jeunes dépressifs présentaient un tempérament cyclothymique. Le suivi sur deux ans a révélé de manière significative que la présence de ce tempérament était prédictif des cas qui ont développé ultérieurement un trouble bipolaire (64 % contre 16 % des dépressifs sans cyclothymie) et un risque suicidaire (81 % contre 36 %).

Actuellement, plusieurs équipes américaines s'intéressent particulièrement à la validité du diagnostic de cyclothymie chez les enfants et adolescents[2].
D'autres études pointent du doigt le rôle de la cyclothymie comme facteur de risque majeur des conduites suicidaires et d'automutilation. Pompili et al (2012) ont montré une connexion significative entre le tempérament « cyclothymique – dépressif – anxieux » et les niveaux élevés de désespoir et de risque de suicide (64 % contre 13 % dans le groupe avec un tempérament stable hyperthymique)[3].

Le regard de la recherche sur les formes sub-syndromiques ou atténuées de bipolarité change.
Chez les patients bipolaires en rémission et suivis sur une période de deux ans, la présence d'un tempérament cyclothymique est prédictive de récurrence dépressive (même en contrôlant la qualité de l'observance du traitement) et d'une altération de la qualité de vie (gestion du quotidien, loisirs, vie sociale)[4]. C'est signifier le rôle des « petites vagues » cyclothymiques et leur impact sur une gestion efficace du quotidien. En d'autres termes, il est impératif de saisir le côté pathologique d'une bipolarité sub-syndromique apparemment atténuée que les cliniciens négligent souvent, ne lui prêtant pas de rôle psychopathologique. Ainsi, l'équipe de Nassir Ghaemi a montré dans son étude sur les tempéraments affectifs que la cyclothymie représentait le tempérament le plus significatif sur le plan psychopathologique et pronostic[5].

Dans la recherche actuelle[6,7,8,9] :
- on s'intéresse à la place de la cyclothymie dans les dépressions résistantes, récurrentes ou difficiles à soigner (cela concerne les troubles anxieux, les conduites alimentaires, les addictions...)

- on explore les facteurs liés aux virages rapides de l'humeur et du niveau d'énergie - activité
- on s'oriente vers le dépistage des cas qui sont susceptibles d'être aggravés par les antidépresseurs, donc vers une recherche préventive
- on tient compte du rôle des tempéraments comme facteur de risque et de marqueurs de transmission plus spécifique au sein des familles bipolaires (Greenwood et al, 2012)
- on met en place des suivis au long cours des jeunes cyclothymiques pour mieux comprendre les risques liés à ce trouble, évaluer l'efficacité des mesures thérapeutiques, et estimer le pronostic.

Le défi n'est plus de démontrer la spécificité de la cyclothymie mais d'aller au-delà des considérations théoriques, en démontrant le fardeau que représente ce trouble autant en termes de risque sur le développement que de morbidité globale (altération de la qualité de vie et du fonctionnement). Malgré son apparence de trouble atténué, les preuves se cumulent pour démontrer que les impacts sur la qualité de vie, sur la récurrence dépressive, sur la mauvaise qualité de réponse aux traitements (antidépresseurs, stimulants, neuroleptiques), sur le risque de suicide, etc., sont équivalents voire plus importants que les impacts des troubles bipolaires classiques.
Dans ce contexte, l'élaboration de méthodes de psychoéducation et de psychothérapies adaptées à la cyclothymie devient nécessaire[10].

---

1. Kochman FJ, Hantouche EG, et al. Cyclothymic temperament as a prospective predictor of bipolarity and suicidality in children and adolescents with major depressive disorder. J Affect Disord. 2005; 85:181-9.
2. Van Meter A. et al. Meta-analysis of epidemiologic studies of pediatric bipolar disorder. J Clin Psych, 2011,72,1250–6.

3. Pompili M, et al. Cyclothymic-depressive-anxious temperament pattern is related to suicide risk in 346 patients with major mood disorders. J Affect Disord. 2012;136: 405-11.
4. Nilsson KK et al. Affective temperaments relation to functional impairment and affective recurrences in bipolar disorder patients. J Affect Disord. 2012;138: 332-6.
5. Vöhringer PA et al. Affective temperaments in clinical practice: A validation study in mood disorders. J Affect Disord. 2012;136: 577-80.
6. Van Meter AR et al. Cyclothymic disorder: A critical review. Clinical Psychology Review, 2012; 32: 229–43
7. Greenwood TA et al. Association study of temperament in bipolar disorder reveals significant associations with three novel loci. Biol Psychiatry. 2012 Feb 22.
8. Goto, S et al. Cyclothymic and hyperthymic temperaments may predict bipolarity in major depressive disorder: A supportive evidence for bipolar II1/2 and IV. J Affect Disord. 2011;129: 34-8.
9. Nwulia EA, et al. Rapid switching of mood in families with familial bipolar disorder. Bipolar Disord. 2008;10: 597-606.
10. Hantouche EG, Trybou V. Vivre heureux avec des hauts et des bas. Odile Jacob, 2011

3

Traiter la cyclothymie

Avec ou sans médicaments, la cyclothymie doit être traitée, pour éviter les complications : récurrence dépressive, abus des substances illicites, conduites suicidaires, conséquences péjoratives au travail et dans la vie familiale et intime...
Se soigner, c'est avant tout apprendre à se connaître et à ne plus réagir de façon mécanique aux pièges de la cyclothymie. Le traitement chimique doit faciliter cet apprentissage et offrir à la personne la protection suffisante contre la récidive des épisodes dépressifs, hypomaniaques ou mixtes.

Kahn une fois de plus est génial
(Régis Blain)

Dans sa thèse consacrée à la Cyclothymie, Kahn insistait sur l'aspect chronique de la maladie et pensait qu'il n'y a pas de rémission possible (hypothèse en faveur du tempérament). On ne peut qu'être admiratif de sa sagesse en matière de traitement :

- Alimentation végétarienne (pour calmer l'hyperthymie en fait, ce que recommande les médecins chinois et coréens encore de nos jours. Robert Laffont a publié un livre qui s'intitule *La Diététique des tempéraments*, je l'ai à la maison).
- Pas d'alcool et pas d'excitants.
- Hydrothérapie (c'est une très bonne idée, cela calme)
- Encore plus génial, il cite Wilmanns : "psychothérapie pour reprendre courage en période de dépression"* et pour l'hyperthymie : conseil du médecin et séjour en sanatorium pour pallier les "excentricités dangereuses".

**Ce que font actuellement les psychologues en TCC et « coaching ».*

Kahn termine en disant que cela ne changera rien mais permettra de prévenir les effets nuisibles de la cyclothymie (effets persos ou sociaux nuisibles).
Beaucoup des cas que Kahn cite sont des cyclothymiques assez gravement atteints (logique ; car hospitalisés à la Salpêtrière !). Cette approche est assez basique mais très sage et finalement beaucoup de cyclos pourraient se passer de thymorégulateurs dès l'instant où ils sont très disciplinés, conscients de leur pathologie.

1
Quand faut-il traiter ?

Être cyclothymique ne signifie pas obligatoirement recevoir un traitement. Celui-ci est proposé quand la cyclothymie est :
- assez intense et prononcée avec des répercussions dans la vie du sujet
- associée à un autre trouble comme dépression chronique ou récurrente, TOC, trouble panique, boulimie, abus d'alcool, achats pathologiques, stress post-traumatique...

L'heure de frapper à la porte d'un professionnel de la santé

Il est possible de gérer ses problèmes émotionnels avec les outils présentés dans cet ouvrage, quand ils sont d'intensité légère ou moyenne. En revanche, certaines difficultés nécessitent pour pouvoir être dépassées, le recours à une aide professionnelle. L'autogestion n'est plus suffisante dans le cas d'une dépression majeure, d'une anxiété handicapante, d'une hypomanie hors de contrôle ou encore d'un problème complexe.

Travaillez la liste ci-dessous ; elle vous aidera à considérer sérieusement l'idée d'un traitement pharmacologique et la consultation d'un professionnel de la santé.

Notre liste n'est certainement pas exhaustive. Alors, si vous ne vous y retrouvez pas et que vous ressentez le besoin de « consulter », surtout n'hésitez pas à franchir le pas. Il est toujours bon d'écouter cette petite voix intérieure qui nous dit qu'on a besoin d'aide !

Quand faut-il consulter ?

Check-list de mes symptômes sérieux

- ❑ J'ai des idées suicidaires (je pense que la vie ne vaut pas la peine d'être vécue, que le monde ne pâtirait pas de ma disparition, je suis obnubilé par des pensées sur le suicide, j'ai un plan destiné à me tuer
- ❑ Je suis désespéré(e)
- ❑ Je présente des troubles sérieux dans mon sommeil depuis plus de deux semaines (je dors très peu ou je dors beaucoup) ou je ne ressens plus le besoin de dormir sans fatigue depuis plus d'une semaine
- ❑ Je n'assume plus les responsabilités de mon quotidien, comme aller au travail ou payer mes factures
- ❑ J'entends des voix
- ❑ Je vois des choses que personne d'autre que moi ne voit
- ❑ J'abuse de l'alcool ou autre drogue et ça commence à interférer dans ma vie quotidienne
- ❑ Je ne peux plus suivre mes pensées qui fusent et sont trop rapides / j'ai des pensées abondantes qui ne s'arrêtent plus et je ressens un embouteillage dans mon esprit
- ❑ Quelqu'un en qui j'ai confiance s'inquiète et me recommande de consulter
- ❑ Je m'embrouille tout le temps avec les personnes qui m'entourent
- ❑ Je ne m'occupe plus de moi et cela m'est complètement égal
- ❑ Je passe trop de temps à m'occuper de mon apparence
- ❑ Je ne rigole plus / je n'ai plus de plaisir
- ❑ Je dépense trop d'argent et je suis criblé de dettes
- ❑ Quelqu'un de confiance me trouve tellement « speed » / désinhibé / ayant des comportements inadaptés

Un bilan clinique est nécessaire pour

- Établir le diagnostic de la cyclothymie
- Évaluer son étendue, son intensité
- Rechercher les épisodes dépressifs et/ou hypomaniaques
- Estimer les impacts sur la qualité de vie
- Trouver les co-morbidités
- Explorer les traits dominants du tempérament
- Identifier les cibles à traiter en premier
- Compléter le bilan par des renseignements au sujet de la demande initiale de la personne cyclothymique, sa motivation, son adhésion au diagnostic, ses inquiétudes et craintes face aux psychotropes…

Étape psychologique avant la chimie (ou au début) : Psychoéducation

Elle est importante pour que le clinicien et/ou le psychologue arrivent à identifier le trouble cyclothymique, et surtout à se faire comprendre et s'assurer d'être compris par le patient et son entourage proche. Toutefois, il y a des situations urgentes où il faut intervenir vite. Au fur et à mesure que le traitement agit, le médecin expliquera au patient les différents aspects du traitement et de la prise en charge.

La cyclothymie est un trouble naturellement complexe.

L'instabilité émotionnelle et relationnelle du cyclothymique peut altérer la constance des visites et l'observance du traitement. Par exemple, un cyclothymique sait tromper son monde ; il peut vite donner l'impression d'aller bien et que la guérison est rapide.
La manipulation, la séduction, le souci de plaire, la sensibilité au rejet, la tendance à tester les limites de l'autre, le besoin de contrôle excessif... sont des éléments qui caractérisent le mode relationnel du cyclothymique et peuvent donc influencer les rapports avec le thérapeute.
À cela s'ajoute le besoin du cyclothymique d'une attitude chaleureuse, empathique et active du thérapeute.

Ces complexités sont nettement réduites quand le thérapeute s'intéresse de près à la cyclothymie, devient connaisseur de ce trouble et quand le patient devient lui-même connaisseur de son trouble.
Cette étape importante est désignée par « psychoéducation » ; certains préfèrent le terme « bipo-éducation », voire même « cycloéducation », en raison de la spécificité de la cyclothymie par rapport aux troubles bipolaires classiques (ou BP-I).

2
Les principes et ingrédients indispensables du traitement

Le traitement de la cyclothymie doit être conçu dans le cadre d'un "projet" de soins :

- **Savoir établir une hiérarchie** des problèmes cliniques à traiter et cibler les dimensions pertinentes à traiter en premier, notamment si présence de :
    - Un épisode actuel dépressif ou hypomaniaque
    - Un niveau élevé d'impulsivité et d'instabilité
    - Une co-morbidité avec un TOC, trouble panique, boulimie, abus d'alcool...
- **Fixer des objectifs :**
    - À moyen terme (6 à 12 mois) : atténuer la cyclothymie vers une stabilité biologique et comportementale
    - Au long cours (au-delà de la stabilisation clinique) en rapport avec la fonctionnalité (améliorer la qualité de vie, faciliter l'entente familiale, fructifier les activités)

- **Ne jamais négliger le risque suicidaire** qu'il faut évaluer en détail et sérieusement au moindre doute ou suspicion et toujours proposer une surveillance et une adaptation du traitement.

Pour comprendre et obtenir la meilleure réponse au traitement chimique de la cyclothymie, nous vous proposons **une liste de six ingrédients**

- ↗ Ingrédient N°1 : Principe de la Pyramide des soins
- ↗ Ingrédient N°2 : Respecter le tempérament de base
- ↗ Ingrédient N°3 : Aller vers une psychopharmacologie hippocratique
- ↗ Ingrédient N°4 : Un thymorégulateur (ou plusieurs) sinon rien
- ↗ Ingrédient N°5 : Faire la part entre la personne et la cyclothymie
- ↗ Ingrédient N°6 : Se soigner sans que la vie devienne ennuyeuse

En fait, cette liste est destinée aux médecins, psychiatres et psychologues. A vous de tenter l'application de ces ingrédients dans votre prise en charge.

Ingrédient n°1
Principe de la pyramide des soins (annexes n°2, 3, et 4)

La base biologique et physiologique de la pyramide doit toujours être la plus solide et stable.

1e étape

Elle correspond à la mise en place d'un thymorégulateur (un psychotrope ayant la propriété de stabiliser l'humeur).

2e étape

Elle est comportementale et inclut l'ensemble des mesures en faveur d'une bonne hygiène de vie, des mesures censées améliorer les cycles veille - sommeil, équilibrer les activités de routine et sociales en fonction des phases de la cyclothymie. Cette étape est cruciale pour aboutir à une stabilisation optimale et réduire les risques de rechutes.

3e étape

La dernière étape est forcément psychologique, cognitive, interpersonnelle. Elle vise à aider le patient au repérage des signes d'alerte (début des rechutes), à améliorer les interactions du cyclothymique avec son environnement et à agir sur les fragilités ou failles psychologiques et relationnelles, comme la sensibilité excessive au rejet, l'obsession de plaire et la mauvaise estime de soi.

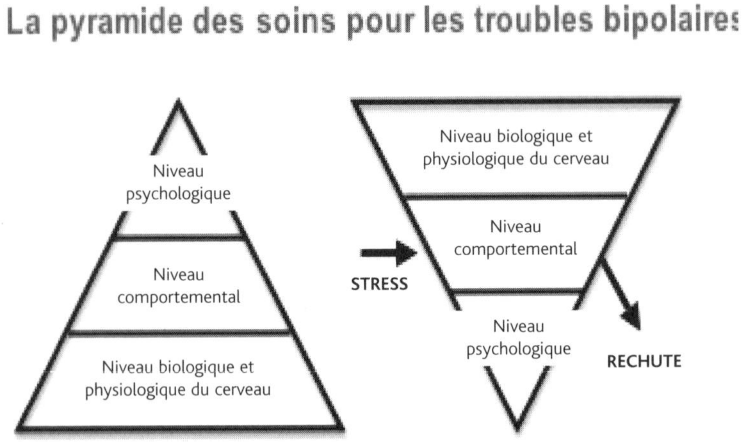

Le traitement des troubles bipolaires doit respecter une séquence de soins :

1. instaurer une base de stabilité neurobiologique
2. assurer une hygiène comportementale (bons rythmes)
3. travailler sur les failles psychologiques.

Dans la pratique, la plupart des jeunes BP reçoivent la séquence inverse de soins et donc sont victimes du syndrome de la *pyramide à l'envers*. Dans ce cas, en l'absence de stabilité neurobiologique, l'enfant est sensible au stress et non protégé correctement contre les rechutes.

Dans ce principe de pyramide, la base est représentée par le tempérament – la partie biologique de notre personne. Cette partie appartient à la nature et personne ne peut changer cette nature, pas avec les mots, l'introspection, l'autoanalyse, les souvenirs de l'enfance…

Appliquer le principe de la pyramide, c'est respecter la nature de la personne cyclothymique. C'est cette nature qui va dicter l'élaboration des soins, le choix des médicaments et la manière de soutenir le patient.

Ingrédient n°2
Respecter le tempérament de base (annexes n° 2, 3 et 4)

Connaître le tempérament permet déjà de comprendre la nature des épisodes, de connaître la nature de la personne, sa réactivité, son style émotionnel... Il est donc important de dessiner les ponts qui existent entre tempéraments – style de vie – situations à risque – épisodes dépressifs et/ou hypomaniaques. Cette étape est nécessaire pour limiter autant que possible l'impact du style de vie sur le risque des récidives.

Un cyclothymique hyperthymique est différent d'un cyclothymique anxieux - dépressif ou irritable - impulsif. Même si tous ont en commun la cyclothymie, chacun aura besoin de conseils différents. L'idéal est de stabiliser la cyclothymie tout en favorisant à chaque tempérament un contexte qui soit le plus adapté. Selon l'hypothèse de « Goodness of fit », une harmonie entre le tempérament et l'environnement est nécessaire pour le bien-être de la personne. Dans cette optique, un « bon » traitement doit agir sur la qualité des interactions entre le tempérament et l'environnement. Il n'est donc pas inutile de rappeler que les cyclothymiques sont, par définition, les personnes les plus sensibles et réactives à leur environnement.

Les cyclothymiques avec des traits hyperthymiques ont un sens inné de commander, dominer, changer l'environnement dans lequel ils évoluent. Contrairement à eux, les cyclothymiques anxieux et dépressifs n'ont pas les moyens d'agir sur leur environnement. Ils sont dans la dépendance, le doute, l'évitement, les schémas d'échec... Ils sont victimes d'une sensibilité extrême capable de les casser. Cette distinction est utile pour le choix des traitements (cf. ingrédient 4) et pour la thérapie cognitive et émotionnelle.

Ingrédient n°3
Aller vers une psychopharmacologie hippocratique[1]

Notre médecine est tiraillée entre deux écoles fondamentales : Hippocrate versus Galien.
Selon l'école de *Galien*, la nature est la source des maladies et le rôle des médecins est de combattre cette nature pathologique.
Par contre dans l'école d'*Hippocrate*, on apprend que la nature guérit et le rôle du médecin est de faciliter la tâche de la nature. Hippocrate préconisait les règles de diète, les exercices et le vin (avec modération), tout pour renforcer les processus naturels de guérison.

La psychopharmacologie hippocratique est donc basée sur deux principes fondamentaux :

1. Traiter la maladie et non les symptômes : ce qui signifie que l'ensemble des signes et symptômes doit être rassemblé dans un cadre spécifique. Si on ne cible pas la maladie de base, un cyclothymique pourrait recevoir tous les psychotropes existants. L'approche hippocratique nous dicte de cibler la cyclicité et la circularité des troubles de l'humeur, donc un traitement spécifique censé atténuer les dérèglements thymiques et protéger au long cours contre les rechutes.

2. Les médicaments sont coupables jusqu'à preuve du contraire ; cela signifie que tout traitement doit être orienté vers les « bénéfices » (donc s'assurer avant tout des preuves de leur efficacité) et non de la tolérance (ce n'est pas juste donner un médicament qui n'induit pas d'effets secondaires). Penser que le médicament est coupable, signifie qu'un bon traitement n'est pas neutre et que le choix doit être bien réfléchi avant de le prescrire.

En appliquant ces deux règles basiques, le choix est fait à partir d'une liste restreinte de « bons » médicaments, les thymorégulateurs (ou stabilisateurs de l'humeur) :

- les sels de lithium
- les anticonvulsivants comme Valproate, Valpromide, Divalproex, Carbamazépine, Lamotrigine
- les antipsychotiques de nouvelle génération ou atypiques comme Olanzapine, Rispéridone, Aripiprazole...

(cf. annexe 5)

---

1. *N. Ghaemi, Can J Psychiatry, 2008, 53 : 57-63.*

Ingrédient n°4
Un thymorégulateur (ou plusieurs) sinon rien

On dispose d'un certain nombre de psychotropes à effet thymorégulateur (annexe 5).
La majorité a été testée dans les formes classiques de bipolarité et rarement dans la cyclothymie. Donc, le traitement chimique de la cyclothymie est essentiellement basé sur l'expérience des experts et l'observation clinique minutieuse au long cours.

Il convient de préparer une « recette » optimale, idéalement commencer par une monothérapie avec un thymorégulateur. La règle **« Go slow and stay low »** doit être respectée pour tous les cyclothymiques (démarrer lentement et garder le traitement à des doses faibles à modérées). Par exemple, démarrer avec 200 ou 400 mg lithium avec ou sans lamotrigine 25 à 50 mg ; ou avec 250 à 500 mg valproate ou divalproate de sodium.
Une bonne tolérance physique et cognitive (le moins d'effets indésirables) est à assurer en évitant autant que possible les médicaments sédatifs qui réduisent la mémoire et la vigilance.
Le traitement doit rester « flexible » en s'adaptant au patient, à son tempérament, à l'intensité de la cyclothymie, à la nature de l'épisode actuel, à la co-morbidité...

Discutez sereinement vos craintes et croyances au sujet des médicaments

- Obtenez les renseignements utiles (nom du médicament, type, dose, besoin de tests sanguins avant et pendant, heure de prise, en cas d'oubli, effets indésirables, précautions alimentaires...)

- Visualisez clairement les bénéfices attendus (savoir quand et comment ça marche, avoir une idée sur les probabilités de réussite, connaître les alternatives en cas d'échec...)
- Parlez de vos craintes (dépendance, changement de personnalité, baisse de la créativité, effets secondaires...)

Maîtrisez vos rapports avec les médicaments
- Acceptez tout traitement visant à réduire la partie « sombre et ombrageuse » de vos hypomanies ; en fait, tout n'est pas « bon à prendre et à garder » dans l'hypomanie
- Évitez autant que possible de « jouer » avec les traitements, comme le réduire dans les périodes où vos symptômes sont en rémission ou l'augmenter dans les périodes où vous vous sentez plus mal
- N'arrêtez jamais brutalement votre traitement sans raison valable ou sans avertir votre médecin ; c'est le piège le plus fréquent : arrêter le traitement quand on va bien et le reprendre quand ça va mal !
- Tolérez les phases de « Bas » et appliquez de temps en temps le « lâcher prise » sans vous précipiter sur les antidépresseurs et les anxiolytiques

Ça a commencé le jour où je me suis sentie bien mais "ennuyeuse" ; alors une bière, deux...
En général, quand on prend des médicaments, c'est parce qu'on est malade. Ensuite, on est guéri alors on arrête de prendre ces mêmes médicaments. C'est simple, clair, basique.
Donc, il y a deux mois, j'ai arrêté mon traitement parce que je n'étais plus malade. Je me sentais bien, tranquille, sans problème particulier à part une fatigue constante et une envie continuelle de grignoter. Donc, voilà, j'ai tout arrêté en me disant : si je constate quoi que ce soit de négatif (état dépressif, insomnie, envie suicidaire) je reprends les médocs tout de suite. Pour moi, c'était aussi un moyen de vérifier que j'étais bien cyclothymique.

Au début, tout allait bien et je me réjouissais de ne plus prendre de lithium et autres produits chimiques.
En plus, c'était bien parce que je pouvais recommencer à boire un verre de temps en temps avec les copains. Ils viennent chez moi ; la porte est toujours grande ouverte. On ouvre des bouteilles, on mange des pizzas. Ceux qui veulent fumer (des cigarettes, je précise !) peuvent le faire sans qu'on les accuse d'être des tueurs en série.
Je ne sais pas comment c'est arrivé, mais j'ai eu soudain de plus en plus envie de fumer, de plus en plus envie de boire (même sans les potes). Et côté sexe… alors là… j'ai pris mon pied… trop… Bon, j'ai eu envie tout à coup de vivre, de vivre à 2000km/h. Un tourbillon d'alcool, de sexe… Évidemment… non. J'ai soudain réalisé la semaine dernière que j'étais tombée à nouveau. Je croyais que ce serait la dépression, l'humeur noire. Mais non, c'est pire, c'est lâche, c'est vicelard. Ça vous fait croire que vous allez bien alors qu'en fait, vous êtes en train de vous écrouler.

Ingrédient n°5
Faire la part entre la personne et la cyclothymie

Tout est dans la connaissance et l'information. Livres, Internet, forums, associations... tout est là pour comprendre la cyclothymie (cf. annexes : sites et forums, livres).
Les cyclothymiques sont demandeurs d'une information spécifique sur la nature de ce trouble. Ils ne se reconnaissent pas dans les groupes de psychoéducation consacrés aux patients bipolaires typiques (ou BP-I : présence d'épisodes maniaques).
La meilleure façon de comprendre sa cyclothymie est de permettre aux patients d'accéder aux informations utiles livrées par des experts de ce trouble et surtout de partager leurs vécus. C'est donc de pouvoir participer à un groupe de psychoéducation et d'entraide[1] ou à des forums sur le Net.
La psychoéducation permet au sujet de se connaître et par conséquent de mieux s'autogérer et se stabiliser.

Ne laissez jamais la cyclothymie vous définir

- Il est important de s'informer et de lire sur la cyclothymie, mais attention aux excès aliénants de l'information
- Evitez de soûler votre entourage par vos lectures et vos connaissances sur la cyclothymie
- Dites à vous-même « je suis cyclothymique – mais je ne suis pas que ça ! »
- Ne soyez pas obsédé par l'étiquette de la maladie dans le sens où tout ce que vous faites est lié à la cyclothymie

- N'attendez pas que tout le monde arrive à vous comprendre, à accepter votre cyclothymie
- Faites une certaine sélection des personnes que vous allez autoriser à rentrer dans votre territoire intime de cyclothymie
- Ne laissez jamais une seule personne devenir votre « monde entier », votre référence, votre conseiller de vie

Je m'interroge sur la frontière entre le tempérament, la personnalité et le caractère. Autrement dit, est-ce que tout va être réglé grâce au lithium ? Est-ce que tous mes dysfonctionnements sont liés à la maladie ou certains font-ils partie de moi et ne disparaîtront donc pas même à grands coups de thymorégulateurs ?
A l'intérieur de moi, je sais bien qu'il y a plein de choses qui disjonctent, mais je ne sais pas si ce sont des parties à soigner ou des « pièces d'origine » qui sont comme ça et puis c'est tout. Je ne sais pas très bien ce qui relève de la maladie et donc des médicaments, du neurologue, et ce qui touche à ma personnalité et qui, par conséquent, relève de la thérapie. Bon, c'est vrai que je mets toutes les chances de mon côté puisque je suis suivie par un neurologue, un psychothérapeute et même une diététicienne... Une vraie équipe ! Mais je me sens un peu jouer en solo dans tout ça. Tout se mélange parfois.
Par exemple, lorsque je tombe systématiquement amoureuse d'un homme marié manipulateur, qui me fait souffrir mais que je continue à attendre pendant des mois et des mois en lui trouvant des dizaines et des dizaines d'excuses... Est-ce que c'est lié à la maladie ou à ma personnalité ? J'en parle à mon neurologue ou à ma psy ? Je suis malade ou je suis une abrutie répétitive ?

---

1. Expérience de sept groupes de psychoéducation pour les cyclothymiques synthétisée dans l'ouvrage « Soigner sa Cyclothymie », Odile Jacob, 2009

Ingrédient n°6
Se soigner sans que la vie devienne ennuyeuse

Il ne faut pas confondre cyclothymie et bipolarité type I ; les traitements peuvent être identiques mais jamais des prescriptions à des doses élevées. Les cyclothymiques ne tolèrent pas les protocoles thérapeutiques classiques. Ils sont « hypersensibles » aux psychotropes, que ce soit pour les effets indésirables ou les effets thérapeutiques.
Un effet anti-maniaque positif peut être vécu comme une descente à la mélancolie ou se transformer en une platitude totale des émotions et des pensées.
Pour les patients habitués aux phases de haut, ils croient qu'en les perdant, ils vont tout perdre : leur vivacité, leur pensée créative et pointue, leur concentration. Ce sont des personnes qui fonctionnent avec la règle « du tout ou rien ». Tout effet psychotrope sur les hauts sera donc interprété comme une virée vers la torpeur ou l'inertie.

Pour que la vie des cyclothymiques sous traitement ne devienne pas ennuyeuse, le sujet est invité à respecter des règles essentielles, comme :

- Adopter des valeurs et une certaine constance
- Développer sa créativité
- Changer d'attitude...

Tout un programme !

Adoptez des valeurs et une certaine constance

- Respectez des valeurs de vie et une certaine « discipline »
- Soyez fiables et constants malgré les fluctuations de vos humeurs et motivations
- Fixez des objectifs atteignables ; pas besoin de vous acharner sur de grandes ambitions

Développez votre créativité

- Rappelez-vous qu'il y a du « potentiel créatif » dans votre tempérament (qu'il y a un autre monde dans le même monde de la souffrance)
- Essayez de croire en vous ou de trouver quelqu'un qui croit en vous
- Soyez patients pour laisser le temps suffisant pour que la graine de créativité puisse germer et grandir
- Développez votre originalité et votre différence

Changez d'attitude

- Apprenez à penser différemment, comme oser s'ouvrir à l'inconnu, au jamais vu ou pensé
- Osez donner et vous exposer
- Soyez capable de choisir, donc de renoncer à des vieux schémas de vie
- Laissez votre cerveau jouer avec la difficulté et la complexité
- Ayez le souci d'aider les autres, d'être généreux et altruiste
- Montrez votre reconnaissance aux autres qui vous ont aidé et soutenu dans les moments difficiles
- Apportez un peu plus de vie à la vie (à vous-même et aux autres)
- Soyez ouvert aux émotions des autres
- Laissez-vous surprendre par vous-même

3
« Bon » traitement de la cyclothymie

Il y a une constante dans les principes de base du traitement de la cyclothymie : la « nature » ; le traitement doit être choisi et dosé en fonction de la nature du tempérament ; de plus, le traitement doit respecter cette nature. (annexe n°5)

Avec ces ingrédients, le traitement de la cyclothymie doit être comme un « bon plat » (voir page suivante).
Finalement, qu'est-ce qui convient au mieux à la cyclothymie : Galien ou Hippocrate ?

Dans la cyclothymie, la nature est en même temps la cause du mal et la source de sa guérison. Donc, on a besoin de Galien et d'Hippocrate !

Force est d'agir efficacement sur les causes primaires tout en respectant la nature de la personne. Donc ne jamais traiter en « cassant » cette nature, et quand il s'agit de traiter, il faut bien cibler les choix et éviter les superflus et les adjuvants, qu'ils soient chimiques ou psychologiques.

« Bon » traitement »	« Mauvais » traitement
- Donne envie de se soigner - Est bien toléré (ou avec des effets indésirables supportables ne compromettant pas la continuité du traitement) - Est discret (ça ne se voit pas) - Respecte la nature du sujet (les effets du traitement ne sont pas vécus comme artificiels) - Agit dans le temps et assure au long cours une protection contre les récidives hypomaniaques et dépressives	- Rend le patient comme « zombie » (jamais avec nos patients) - Tasse, endort (ça arrive au début, mais c'est gérable et ça se corrige facilement) - Fait artificiel (ce n'est pas le but – doses à adapter ou changement de psychotrope) - Casse la créativité (jamais !) - Émousse la sensibilité du sujet (ça peut arriver au début ou progressivement, mais c'est gérable et ça se corrige facilement)

Je ne suis pas toujours aussi sérieuse que je devrais l'être. Je suis stabilisée grâce à mon traitement et une bonne prise de conscience. Mais je ne suis pas toujours assez disciplinée pour prendre mon lamotrigine tous les jours.
Ça passe, je ne rechute pas au bout de quelques jours. J'avais réduit les doses avant et pendant mes deux grossesses, là ça passait encore. Mais même au bout de quelques jours, je sens les effets d'être sans traitement.
Pour moi, l'amour est difficile sans mon traitement. Au bout de quelques jours sans prise ou plusieurs jours mal pris, je sors du monde ordinaire pour me sentir décalée, soucieuse, irritable, et surtout pas capable d'aimer comme en temps normal. Je vois les choses autrement, j'observe, je remarque mais je ne suis pas totalement dedans. Je ne ressens pas les émotions de la même façon, agacement oui, amour non.
Cette personne-là n'est pas la vrai moi. Retirer mon traitement de mon quotidien laisse s'exprimer la cyclothymie. Elle se manifeste doucement sans faire de bruit. Elle est presque imperceptible au début, mais je lui donne un peu de liberté, je dessers les liens, j'entrouvre la porte. Parce que je n'aime pas sa tête, je finis par me reprendre en main, prendre sérieusement mon thymorégulateur pour lui claquer cette porte, resserrer ces liens, la renfermer.
Le traitement ne me change pas, ne modifie pas mon caractère ou ma personnalité. Il modifie juste ma cyclothymie.

4

De la théorie à la pratique : guide d'autogestion de la cyclothymie

1
Quelques notions de base

Gérer sa cyclothymie représente un projet de vie assez difficile mais toujours possible. Cela exige de la discipline, une bonne hygiène de vie, une motivation et une certaine philosophie de vie.
Dans la cyclothymie, l'humeur change en permanence. Vous êtes donc imprévisible pour les autres et pour vous-même. Vos réactions émotionnelles, vos comportements, votre manière de voir le monde, d'interagir avec les autres et de vous percevoir dans la glace ne sont jamais les mêmes. Caméléon (tant au niveau de l'énergie que des émotions), vous êtes difficile à cerner.
Tout dans votre vie est tributaire de votre humeur mouvante, au rythme endiablé. C'est enrichissant et grisant, parfois si troublant, fatigant et souvent source de souffrance.

Les stratégies d'autogestion qui seront développées dans cette partie sont basées sur des notions comportementales et cognitives. Il est important de les connaître pour amorcer le contrôle de votre cyclothymie.

Des notions comportementales

L'humeur influence naturellement le comportement mais en retour, le comportement influence l'humeur, dans toutes les polarités de votre cyclothymie : dépressive, irritable, colérique, anxieuse, joyeuse, euphorique etc., d'où l'importance des actes que vous accomplissez, que vous évitez d'accomplir, ou encore que vous n'avez pas le courage de mettre en place.

Prenons un exemple simple :
« *Le matin, je me sens triste, alors je ne fais rien* ». Cette phrase peut être reformulée ainsi : *« Le matin, je n'ai pas la force de faire des choses, je ne fais rien, je me sens triste »*.
En modifiant vos comportements habituels et spontanés, vous pouvez changer le cours des événements de la journée.

Etre cyclothymique, c'est vaciller en permanence et sans répit. Traverser des périodes où les « chutes » sont plus importantes et les « envolées » plus lointaines. Or, ce n'est pas parce que c'est rythmé et cyclique que la gestion émotionnelle est impossible.

Illustrons donc nos propos par l'exemple des actions que Jacques peut accomplir « en connaissance de cause » et qui ont un impact direct et mesurable sur son humeur et comparons-les avec les actions « habituelles » de Bruno.
Voir page suivante.

Exemple de Jacques et Bruno

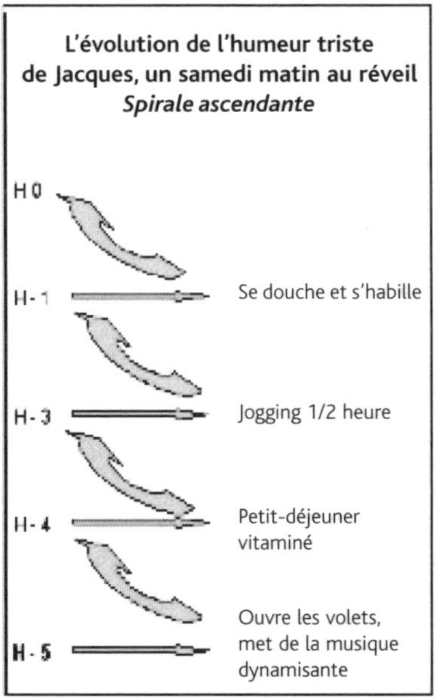

L'évolution de l'humeur triste de Jacques, un samedi matin au réveil
Spirale ascendante

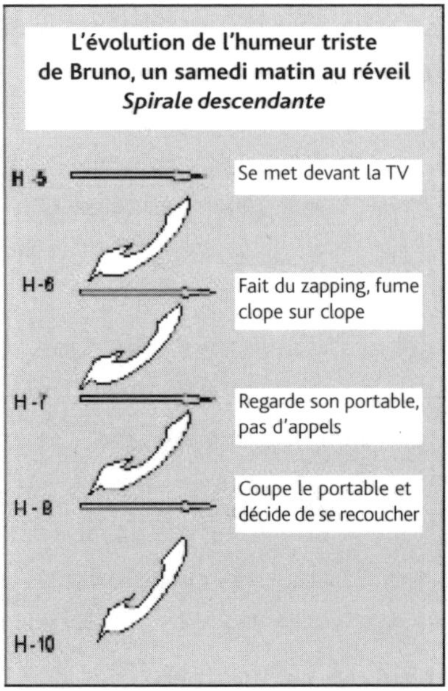

L'évolution de l'humeur triste de Bruno, un samedi matin au réveil
Spirale descendante

Des notions cognitives

Le terme « cognitif » désigne ce qui est en rapport avec nos pensées, avec le dialogue mental intérieur (tout ce qu'on se dit à soi-même) ; c'est l'ensemble des mécanismes qui régissent notre manière de percevoir le monde, de donner un sens aux situations vécues, d'assimiler les événements et de s'y accommoder. Ces pensées, ces perceptions (le regard porté sur soi, sur les autres et sur l'avenir) et ces interprétations ont une grande influence sur l'humeur et les émotions.

« La pensée » joue un rôle important dans notre vécu des situations. Cela est plus particulièrement vrai dans les montagnes russes émotionnelles de votre cyclothymie. Les pensées qui vous traversent l'esprit au moment où vous êtes pris dans un problème détermineront si vous allez rester « coincé » ou pas, sachant qu'il existe deux types de pensées à différencier (comme le montrent les tableaux PAN vs PAR) qui varient également en fonction de l'humeur.

Quand vous êtes submergé par de fortes émotions, vous êtes sous le joug du cerveau émotionnel. Hypersensible, très réactif et intense, il vous joue très souvent de mauvais tours. Sacré cerveau émotionnel ! Lui qui vous fait vibrer peut vous embarquer dans des tourbillons émotionnels. N'oubliez pas que vous pouvez toujours vous entraîner à l'apprivoiser, en repérant « l'origine » de vos pensées, prenant ainsi conscience de leur impact sur vos sentiments et comportements. Pour mieux gérer vos émotions, aussi mouvantes soient-elles notamment dans une situation très éprouvante pour vous, il est crucial d'apprendre à davantage solliciter votre cerveau « sage et réfléchi », en établissant en amont le lien entre vos pensées et vos émotions.

Prenons l'exemple de pensées que l'on peut retrouver dans le cadre d'une humeur dépressive.

Ces pensées automatiques sont de toute évidence en cohérence avec l'état dépressif. Elles sont négatives, pessimistes voire dramatiques et mettent souvent en scène des scénarios catastrophiques, apocalyptiques sans aucune issue de secours (cf. encadré ci-contre).

En phase dépressive

Les « PAN » Pensées Automatiques Négatives *générées par le cerveau émotionnel*	**Les « PAR »** Pensées Adaptées et Réalistes *générées par le cerveau de la raison*
Pensées émotionnelles sans preuve	*Pensées réfléchies avec preuve à l'appui*
- Je suis un raté - Je m'en fous - Je ne servirai jamais à rien - Personne ne m'aime - Rien ne marche dans ma vie - Je suis nul et incompétent quand il s'agit de réussir - J'échoue dans tout ce que j'entreprends - Je suis humilié par mes fautes et incompétences - On finit toujours par me quitter - Je me sens isolé et seul	- Je n'ai pas été pris à ce poste, ça n'annule pas l'ensemble de mes compétences - Ce n'est pas grave de demander de l'aide - Je peux apprendre certaines choses - Marie a dit ne plus m'aimer - Cela arrive à tout le monde de commettre des erreurs - Je ne suis pas parfait mais je suis perfectible - J'arrive à faire des choses - Marc et Jacques m'ont quitté, je réfléchis donc sur mon relationnel et le choix de mes partenaires

Ces pensées ont subi une déformation inhérente à l'humeur dépressive. Elles sont donc en quelque sorte erronées. Même si vous les jugez légitimes, elles sont « inutiles » et mauvaises pour votre santé et votre équilibre psychique.

Votre cerveau déprimé perçoit la réalité objective d'une manière spécifique, à travers le prisme de processus de pensées comme :

- « Et si »
- « Généraliser négativement et à outrance »
- « Je dois, il le faut, c'est comme ça » (la tyrannie des devoirs absolus)

- « Règles rigides sur les hommes, le fonctionnement du monde et sur vous »
- « Toujours, jamais, tout le temps, tout le monde »
- « Noir ou blanc, bon ou mauvais », « Tout ou rien » (la pensée sans nuances)
- « Filtrage et zoom sur le négatif »
- « Exagération des scénarios dramatiques »
- « Dévalorisation de soi et du positif »
- « Élimination radicale du positif »

Quant aux pensées que l'on peut retrouver dans le cadre d'une humeur hypomaniaque, elles sont automatiques et les croyances qui les accompagnent vont de pair avec l'état d'excitation et d'exaltation. Elles sont ainsi grandioses, optimistes et super positives. Cependant, les pensées hypomaniaques sont souvent mêlées à des sentiments de frustration, d'intolérance, d'impatience et d'impulsivité. Précédant ou succédant généralement à un cycle dépressif, elles ne traduisent pas un sentiment naturel de bonheur mais un besoin excessif de consolation et de jouissance. De plus, elles surviennent avant ou après un cycle dépressif (cf. encadré ci-contre).

En phase hypomaniaque

Les « PAN » Pensées Automatiques Négatives *générées par le cerveau émotionnel*	**Les « PAR »** Pensées Adaptées et Réalistes *générées par le cerveau de la raison*
Pensées émotionnelles sans preuve	*Pensées réfléchies avec preuve à l'appui*
- Je suis le meilleur - Tout le monde m'adore - J'ai le droit de dépenser comme je veux et sans compter - La vie est ennuyeuse - Les autres sont trop lents - Je dois rattraper le temps perdu - Ma vie était formidable - Je n'ai que des succès dans ma vie	- J'ai certainement des qualités - Beaucoup de personnes m'apprécient - Je peux dépenser de manière raisonnable - L'ennui est un phénomène normal - Je peux être plus rapide que les autres mais n'est-ce pas trop rapide- donc hypomaniaque ? - J'ai certainement connu des succès dans ma vie, mais j'ai aussi essuyé quelques échecs, aussi petits soient-ils

Ces pensées ont subi une distorsion en rapport avec l'humeur hypomaniaque. Elles sont donc déformées. Votre cerveau excité perçoit la réalité objective d'une manière spécifique, à travers le prisme de processus de pensée comme :

- « Généraliser positivement et à outrance »
- « Filtrage et zoom sur le positif »
- « Exagération des scénarios optimistes »
- « Survalorisation de soi et du positif / dévalorisation des autres»
- « Élimination radicale du négatif et de la frustration »

Il est donc primordial d'apprendre à repérer les pensées émotionnelles (dépressives / hypomaniaques) et à identifier « la mécanique cognitive » des différentes polarités de l'humeur qui peuvent être à l'origine de détresse relationnelle autant dans le cercle affectif que dans le secteur professionnel.

En outre, à force d'interpréter de la même manière (certes en fonction de vos différentes humeurs) des situations souvent différentes, vous maintenez et renforcez des croyances sur vous, sur le monde et sur votre avenir. Ces croyances dysfonctionnelles (déformées et erronées) sont sources de souffrance et sont à l'origine de conflits interpersonnels.

Cherchez donc comment « ça se passe dans votre esprit » en fonction :

- des mouvements cycliques et circulaires de votre humeur
- des erreurs de perception de vous-même et des autres
- de la pensée « noir ou blanc », « tout ou rien » (pensée dichotomique ou manichéenne)
- de l'abstraction sélective (cette manière de voir les choses qui va seulement dans le sens de votre point de vue en ignorant les autres ; certains appellent ce processus « vision en tunnel »)

Dans cette recherche, faites attention à trois mécanismes qui sont caractéristiques des croyances dépressives et hypomaniaques, observées chez les patients bipolaires :

- La rigidité cognitive, en opposition à la souplesse de la pensée. Pondérez les points de vue « absolus » et catégoriques
- Le perfectionnisme, facteur de vulnérabilité à la dépression. Gardez à l'esprit que les solutions parfaites n'existent pas !

- La faible capacité de rappel autobiographique qui peut vous handicaper, car les détails des événements passés sont difficiles à restituer et par conséquent les solutions aux problèmes actuels deviennent difficiles à trouver ; pour contrer ce phénomène, nous vous conseillons de garder des écrits ou des enregistrements des séances de thérapie ; c'est comme constituer une « banque de données »

Ainsi, ces phénomènes cognitifs et croyances formatent la manière dont vous vivez votre quotidien. Ils sont labiles, vu qu'ils suivent le cours de l'humeur cyclothymique. Ils peuvent changer de polarité plusieurs fois dans une journée ou combiner à la fois des cognitions hypomaniaques et dépressives (état mixte).

Nous reconnaissons que c'est très déconcertant de passer de manière cyclique « du tout au tout ». Cependant, il est possible d'apprendre à les identifier précisément. Savoir qu'on peut agir sur ses propres pensées et par conséquent corriger ou atténuer les excès émotionnels négatifs (notamment de polarité dépressive) représente un point capital dans le projet d'autogestion de la cyclothymie.

En résumé

Contrairement au trouble BP-I où les épisodes sont intenses et bien identifiés (contrastant avec le fonctionnement habituel), la cyclothymie est présente de manière constante comme une « deuxième personnalité ».
Dans la cyclothymie où tout est instable, extrême aussi bien dans un sens positif que négatif, où tout est en mouvement perpétuel, sans période de calme, règnent des pensées automatiques et des croyances solides comme un « Roc ». Ces pensées sont activées en fonction des différentes « modes » de l'humeur. Il n'y a pas de place à la nuance. Or, le monde est fait de plusieurs couleurs différentes et de multiples angles de perception.

Pour supporter d'y vivre en quelque sorte, pour souffrir le moins possible et profiter de la vie, un choix s'impose :
- Apprendre à identifier l'humeur pathologique (dépressive ou hypomaniaque) et les perceptions extrêmes qui en découlent
- Introduire des nuances dans vos interprétations et être plus pondéré dans vos positionnements
- Repérer le dialogue du cerveau émotionnel et apprendre avec le temps, à le faire taire et à laisser la place à la « voix sage » du cerveau rationnel.

Vous connaissez désormais le postulat de base : vos problèmes viennent majoritairement des oscillations cyclothymiques de votre humeur et de votre énergie qui font votre unique spécificité. C'est à vous de gérer ces oscillations, en travaillant sur vos pensées et sur vos comportements.

Dans ce guide, nous vous invitons à approfondir les différentes polarités de vos humeurs, à cerner les comportements qui leur sont associés et à explorer en profondeur le fonctionnement de vos modes cognitifs. Prenez le temps qu'il faut pour le faire : avancer lentement permet d'aller plus loin.

Bon travail et bonne route…

2
Stratégies pour faire face

Comment faites-vous d'habitude ?

Dans l'annexe 6, vous trouverez un questionnaire destiné à évaluer votre façon de réagir face à la cyclothymie et aux problèmes en général. Veuillez répondre à ce questionnaire avant de continuer la lecture.

Smartbox des stratégies « efficaces » (autogestion et outils de prise en charge personnelle)

Comme vous êtes une personne de nature intense et sensible, une nature sujette à l'instabilité et aux vagues émotionnelles, nous vous proposons, à travers le self-management (ou l'autogestion) de faire autrement et d'agir plus efficacement.
Vos émotions vous semblent parfois indomptables et hors de contrôle. Il vous arrive ainsi d'être prisonnier de cette mouvance émotionnelle permanente et d'être pris de cours par des bouchons émotionnels dont il est parfois si difficile de sortir. Vous avez donc besoin avant toute chose d'un plan stable (vu l'instabilité inhérente à votre tempérament) qui servira de support à vos actions ultérieures et éventuellement de GPS pour mieux vous guider.

Il existe des stratégies, que nous appellerons « outils » qui font appel à un ensemble de capacités qu'on peut apprendre et qui peuvent vous aider à manœuvrer. Mais avant d'aborder le premier outil sine qua non (l'élaboration des objectifs), nous vous recommandons d'adopter de nouvelles devises :

- Soyez clément avec vous-même (soyez votre meilleur ami) : évitez les jugements sévères tels que "Je suis nul... Je suis un abruti, un pauvre c...", les lamentations et les ruminations aliénantes et sources de souffrance
- Apprenez à faire des actes simples mais efficaces
- Remettez en question vos comportements et non votre propre personne
- Gardez à l'esprit qu'un changement ne vient pas facilement ; il implique des efforts
- Prenez conscience que la résolution d'un problème implique des stratégies différentes : certaines sont efficaces alors que d'autres, quoique familières, ne le sont pas
- Acceptez de changer votre façon de résoudre les problèmes grâce aux « Outils » que nous vous proposons
- Persévérez, persévérez et toujours persévérer. Réalisez que plusieurs essais sont parfois nécessaires pour mener à bien un changement
- N'hésitez pas à consulter un spécialiste

Elaborez des objectifs

Après avoir effectué un bilan sur votre manière habituelle de gérer votre cyclothymie et après avoir repéré les difficultés que vous rencontrez, listez-les sur un papier. Puis, classez-les par ordre de priorité. Vous allez ensuite transformer ces problèmes en objectifs à atteindre.

Avant de passer à l'action, votre liste doit passer l'étape du test de la faisabilité qui consiste à vérifier que vos objectifs obéissent à la règle des trois « oui » :

- Est-ce qu'ils impliquent que je change moi-même (et non pas que les autres changent ?)
- Est-ce qu'ils portent sur des choses sur lesquelles j'ai d'habitude le contrôle ?
- Est-ce qu'ils sont réalistes ?

Ci-dessous des exemples d'objectifs soumis à la règle de la faisabilité.

Les objectifs	Obéissent-ils à la règle des « oui » ?	Pouvez- vous les inclure dans votre plan ?
Je veux apprendre à contrôler mes colères	Oui	Oui
Je veux mieux m'entendre avec mes collègues	Oui	Oui
Je veux que tout le monde m'aime	Non	Non
J'aimerais que l'on arrête de me provoquer	Non	Non
Je veux que l'on me laisse tranquille	Non	Non

Peaufinez vos objectifs

La première aptitude dans la gestion efficace de l'humeur est d'élaborer des objectifs raisonnables et atteignables, qui vous permettront de mesurer vos progrès. Ainsi, il est important de les :

- clarifier pour mieux les délimiter et bien les circonscrire
- fragmenter en différentes étapes spécifiques pour permettre une meilleure mesure de votre évolution, sachant qu'observer ses progrès permet d'alimenter votre motivation.

Le self-management d'Anne-Marie

« En mer, par gros temps, il ne faut jamais se mettre en travers de la lame, réduire la voilure très tôt et rester calme tout en manœuvrant... Plus facile à dire qu'à faire...

J'ai 60 ans, et depuis mon enfance (depuis que j'ai des souvenirs), j'ai eu le sentiment que le rapport au monde et aux autres était difficile. Néanmoins, je pense avoir résisté à un nombre assez important de catastrophes en tout genre (maladies, accidents, tentatives de suicide) et pourtant ce qui surnage au-dessus de tout ça est un sentiment de solitude - auquel je me suis habituée tout de même.

Je suis suivie depuis cinq ans par un psychiatre, assez sympa, plus ou moins lacanien (à mon avis plutôt moins) qui m'écoute (c'est déjà ça) et m'a donné un thymorégulateur à faible dose en monothérapie (c'est aussi pour ça que je ne change pas).

Ce traitement a cassé une hypomanie accompagnée de beaucoup d'anxiété. Mais même à 500mg, il suffisait à me "légumifier" : je ne prends plus rien depuis Noël.

Je suis évidemment cyclothymique (autoproclamée...) et j'ai développé quelques petites stratégies face aux vagues.

1) En down, ne pas céder à l'engourdissement :

- Prendre sa douche et s'habiller le matin
- S'obliger tous les jours à faire :
  - une activité physique,
  - une activité sociale (téléphoner, voir quelqu'un)
  - une activité intellectuelle.
- Découper les gros projets en petits programmes gérables.
- Eviter de s'isoler.
- Trouver un juste milieu entre contrainte et plaisir.

2) En up :

- Remettre systématiquement toute décision (achat, discussion...) au lendemain, ou à la semaine suivante.
- Eviter de consommer de l'alcool.
- Préserver son sommeil.
- Penser toujours à se calmer.
- Faire le moins de choses que prévu.
- Eviter les activités stimulantes ou les endroits trop bruyants.

Pour préciser vos objectifs, prenez exemple sur les tableaux page suivante :

Faire de mes objectifs globaux des objectifs spécifiques

L'objectif global	**Quels sont les changements que je souhaiterais observer ?**	**Mon objectif révisé**
Je veux m'aimer davantage	Reconnaître les aspects positifs de ma personnalité J'arrête de m'en vouloir à mort quand je commets des erreurs	Reconnaître et lister mes forces. J'accepte de faire des erreurs, cela fait partie de la vie
A vous		

Exemple complet de l'élaboration d'un plan d'action

Quelles sont les émotions (passées et présentes) qui me causent de la souffrance ?	**La colère / l'hypersensibilité**
Qu'est-ce que cela m'empêche de faire ou comment cela perturbe-t-il les différents secteurs de ma vie (familial, professionnel, amical, amoureux) ?	Elle m'empêche de passer des soirées tranquilles avec ma famille
Mon mini-objectif	Ne pas hurler quand mon ami me contrarie dans la conversation
Quels sont les différents (petits) pas que je souhaite planifier pour avancer et moins souffrir ?	-Ecouter attentivement ce qu'il me dit (ne pas le couper) -Me concentrer sur ma respiration -Compter jusqu'à 10 avant de lui répondre -Si je ressens de la colère monter en moi, lui demander une petite pause et lui dire que l'on en reparlera plus tard -Utiliser mentalement les techniques du GPS (qui sera développé dans la partie), en démasquant l'émotion qui se cache derrière la colère

En résumé

Il s'agit de :

- Fragmenter les objectifs en mini objectifs mesurables et source de motivation parce que plus faciles à mettre en application
- Apprendre à résoudre les problèmes de différentes façons dont certaines sont plus efficaces que d'autres

Vous avez réussi à la fin de cette partie à dessiner le trajet à suivre, en élaborant un premier objectif bien défini. Vous pouvez donc commencer votre voyage. Pour cela, il est temps de recourir à un GPS dont la spécificité est de faire la part entre les grandes et les petites perturbations émotionnelles (cf. schéma ci-dessous). Il vous permettra ainsi de localiser votre position, d'indiquer clairement et précisément l'état de la "circulation" de vos émotions. N'hésitez pas à changer de direction en cas de "bouchons", privilégiant les voies fluides et sécurisées.

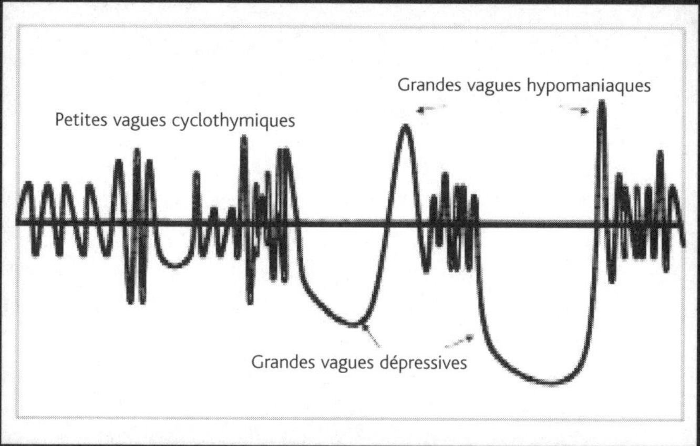

3
Gestion des perturbations cyclothymiques

Vivre avec la cyclothymie vous confronte au surgissement quotidien (voire plusieurs fois par jour) d'émotions excessives. Face à l'arrivée de tourbillons émotionnels, certaines mesures sont à prendre pour vous éviter d'être « embarqué ». Ces grands tremblements de terre font partie de votre cyclothymie et peuvent arriver à des moments inattendus. Or, ils sont souvent annoncés par des signes avant-coureurs. D'où l'importance de l'évaluation de votre humeur au quotidien et des situations, comportements, ou personnes, annonciateurs de perturbations émotionnelles.

Vos repères dans votre manière d'être, d'agir et d'interagir ont été jusque-là de suivre « passivement » les turbulences de votre humeur. Ce chef d'orchestre vous menait vers des issues bouchées, des ravins ou des précipices. Il est donc temps de changer de « route » quand vous voyez la météo (de votre humeur) se gâter et de suivre des routes plus sécurisées. Elles sont indiquées dans les fiches ci-dessous. À chaque type de secousse, sa stratégie de sortie. N'hésitez pas à personnaliser les vôtres en adaptant les modèles que nous vous proposons et à les partager avec votre entourage.

Etat des lieux

Tout commence par une évaluation des changements majeurs des niveaux d'humeur et d'activité.
Faites un point sur votre état (lors des deux dernières semaines). Assurez-vous que vous ne traversez pas de fortes turbulences cyclothymiques ! En effet, l'auto-gestion doit se faire dans une période d'accalmie relative et non en phase aiguë (hypomaniaque ou dépressive).

Au cours des 2 semaines écoulées : **Mes symptômes hypomaniaques**	**Mes symptômes dépressifs**
❑ J'ai beaucoup d'énergie ❑ Je suis euphorique/irritable ❑ Je suis impulsif(ve) ❑ Je fais les choses très vite ❑ Mon intérêt pour le sexe est bien aiguisé ❑ Je ne pense pas à manger (j'oublie) ou je mange des choses qui me font super plaisir ❑ J'ai très envie de voir du monde ❑ J'ai tellement de choses à faire que je ne sais plus par quoi commencer ❑ J'ai plein d'idées dans la tête ❑ Ce qui compte est le plaisir, sans penser au lendemain : je bois, je fume, je prends des drogues ❑ Je suis au top de ma forme ❑ Je ne ressens pas le besoin de dormir	❑ Je n'ai pas d'énergie ❑ Il m'est difficile de sortir du lit ❑ Je suis très triste ❑ Chaque pas que je fais me coûte beaucoup d'effort ❑ J'ai perdu mon intérêt pour la sexualité ❑ Mon appétit est déréglé : je mange peu ou trop ❑ J'ai envie d'être seul ❑ Je ne cherche pas vraiment à faire grand chose ❑ Il m'est impossible de prendre des décisions ❑ J'ai du mal à me concentrer ou à mémoriser ❑ Je me préoccupe de ma santé tout le temps ❑ J'ai des idées noires : penser à la mort ou au suicide
Total symptômes hypomaniaques :	**Total symptômes dépressifs : .....**
Commentaires	**Commentaires**
Analyse de la situation	**Analyse de la situation**
Contact avec votre médecin **Adaptation du traitement**	**Contact avec votre médecin** **Adaptation du traitement**

Si vous avez 5 symptômes ou plus (hypomaniaques ou dépressifs), il est fort probable que vous présentiez un épisode aigu. Dans ce cas, il est fortement recommandé de consulter votre médecin pour adapter le traitement en cours ou instaurer un nouveau (cf. chapitre Quand faut-il consulter ?).

Dans la cyclothymie, les états mixtes sont fréquents. Nous vous rappelons qu'un état mixte est un épisode qui comporte de manière simultanée des symptômes hypomaniaques et dépressifs.

Par exemple, si vous avez coché :

- 5 symptômes hypomaniaques (ou plus) et au moins 3 symptômes dépressifs, il s'agit d'une « hypomanie mixte »
- 5 symptômes dépressifs (ou plus) et au moins 3 symptômes hypomaniaques, il s'agit d'une « dépression mixte »

Une fois les symptômes identifiés, notez par écrit vos réflexions ainsi que votre analyse de la situation comme le cas de Bruno, 44 ans.

Les réflexions de Bruno sur son état thymique

Je vois bien que je présente quelques signes de déprime. Je ne le pensais pas sincèrement. Je note notamment des symptômes physiques comme mon énergie, mon appétit et ma libido. Je comprends mieux pourquoi je repousse les avances de ma copine. De plus, je suis un peu anxieux et ma confiance en moi est basse, ce qui explique pourquoi je n'ai pas très envie d'aller travailler ce matin, sachant que j'ai une présentation à faire devant le comité de direction. Cette fois, je ne vais pas me laisser faire.

Tenir un agenda

Une fois les symptômes identifiés et l'absence d'épisode actuel vérifiée, il est utile de suivre les changements de votre état d'humeur – énergie - activité au quotidien sur une période d'un à deux mois. Nous vous rappelons que la cyclothymie comporte des variations et des oscillations continuelles de votre humeur et des niveaux d'énergie et activité (dans la semaine voire au cours de la même journée).
(cf. annexe : modèle d'agenda à photocopier)

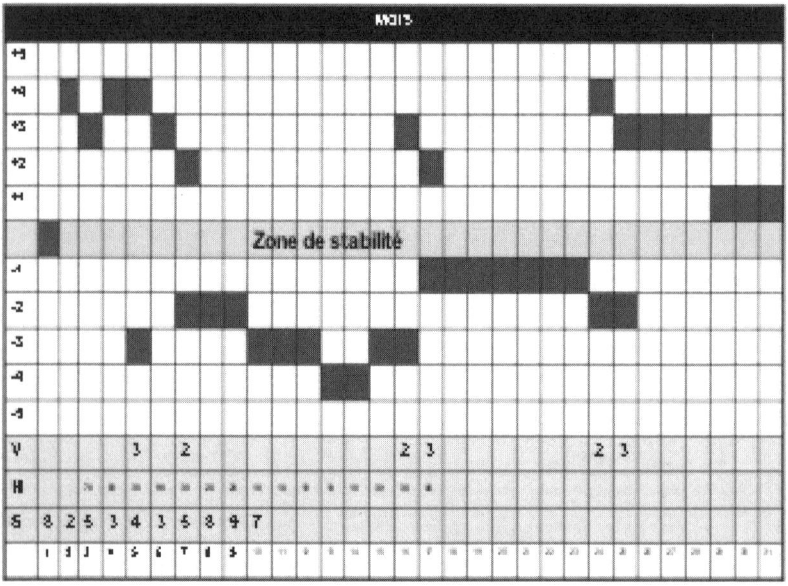

Notez de -5 à +5 votre niveau d'énergie - activité dans la journée.

En cas de variations dans la même journée, mettez les notes extrêmes de haut et de bas :

V : nombre de variations dans une journée
H : niveau d'humeur (de 0 état de tristesse profonde à 100 état euphorique)
S : nombre d'heures de sommeil

En annexe, une fiche d'évaluation que vous pouvez utiliser (faites plusieurs copies avant).

1. Votre agenda vous sert à :

- Prendre conscience de votre état pour savoir sur quel pied danser
- Communiquer aux autres votre « météo émotionnelle » à travers des codes, des chiffres, des images...
- Faire la part entre une baisse adaptée de l'humeur et un début d'épisode dépressif
- Faire la part entre une humeur euphorique sympathique (quelques symptômes d'hypomanie soleil) et un véritable épisode hypomaniaque.

2. Bien évaluer votre cyclothymie facilite la régulation de l'humeur

- Briser le cercle léthargique de la dépression dès qu'elle pointe son nez (lister toutes les raisons pour passer à l'action ; n'oubliez pas de vous récompenser dès que vous y arrivez)
- Ne pas alimenter la dépression. Attention à ce système qui diminue votre énergie, qui vous fatigue rapidement et vous fait perdre le plaisir ou l'intérêt que vous éprouviez dans vos activités quotidiennes. Moins vous en faites, pire vous vous sentez !!!
- Enclencher l'action ! Il est important de se stimuler, de bouger, de faire du sport ou d'effectuer des activités simples qui d'habitude vous procurent du plaisir. Les planifier et y aller par étape (ne pas hésiter à préparer des « to do » listes et à faire appel à des amis pour la réussite de votre action).
- Bannir ce qui met de l'huile sur le feu de l'hypomanie en réduisant la stimulation de son corps, de son esprit et de l'environnement proche

- Gérer, d'une manière plus constructive, les conflits interpersonnels au sein de la famille, des proches et dans le secteur professionnel en :

  - s'entraînant à des stratégies de communication et à des habiletés sociales à travers des jeux de rôle et des techniques d'affirmation de soi
  - s'immunisant contre les effets négatifs des critiques : passer outre à travers l'autodérision ou d'autres moyens de distanciation émotionnelle

Comment je contrôle mes hauts et bas ?
Pour la dépression, comme beaucoup de cyclothymiques qui ne consultent pas, je passe par les vrais liens affectifs : l'amour mais aussi une amitié sincère où l'on peut exprimer, se confier sans tabous à des personnes de confiance. C'est une méthode toute simple mais efficace. Lors de mes mois de solitude ou de chômage, j'ai toujours eu des ami(e)s qui me soutenaient et avec lesquels je pouvais parler librement. Sans ces personnes, je ne m'en serais pas sorti.
Pour l'hyperthymie irritable, je pense que le sport ou la télévision -DVD avec un thème contre la dépression (comédie) ou qui l'accompagne (film de guerre)- sont des bons calmants ainsi qu'un bon plat de sushis, un paquet de chips ou une tablette de chocolat.
Pour l'hypo soleil, il faut que je pense à contrôler les achats compulsifs, la sexualité débridée (protection nécessaire) ou trop de confiance en soi dans des situations professionnelles qui peuvent apparaître comme de l'arrogance ou un manque d'éducation. Lors d'un entretien d'embauche, j'ai déclaré à la chef d'entreprise qu'elle aurait dû être actrice en raison de sa grande sensibilité.

Comprendre ce qui se passe avant d'agir

Les cyclothymiques sont des victimes de l'hypersensibilité et de la réactivité excessive à l'environnement. Pour eux, il est souvent impossible de séparer l'œuf de la poule : qui est responsable de quoi ? Est-ce l'événement en soi qui déclenche leurs émotions pathologiques (dépression / hypomanie) ou est-ce la cyclothymie qui est responsable de leurs difficultés de vie ?

Chauffarde de la vie
Dernièrement, j'avais décidé de passer mon permis de conduire quand j'ai réalisé que ça ne serait pas difficile après avoir passé, haut la main, mon permis de chauffarde de la vie. Qu'est-ce à dire ?
Pour ce faire, il faut oublier tous les comportements si durement acquis et commencer par la partie "conduite" qui sera déterminante lors de votre passage au "code".
Nous allons vous familiariser avec les principes basiques qui régissent l'allure d'un chauffard de la vie, non pas pour vous inciter à rivaliser avec nos champions rallye toutes catégories, mais plutôt pour vous avertir que le danger est peut-être déjà garé derrière vous !
Oh, je sais ce que vous allez me dire : le permis basique ne suffit-il pas ? Point du tout, car ce dernier s'acquiert avec l'âge or le mien remonte au moins à la naissance.
Les premières leçons sont assez rudimentaires : ou bien vous êtes un enfant incontrôlable, ou bien vous êtes l'image incarnée d'un saint, ou bien encore vous n'êtes pas encore prêt à prendre la route ce qui ne va pas faciliter le passage à la conduite variable. Si vous avez répondu oui aux deux premières propositions, vous êtes sur la bonne voie.
Mais bientôt l'âge bête rentre en lice et sert de parfait alibi pour tous les excès sous peine de quelques amendes pour trouble à l'ordre du sens unique.

Ainsi, vous avez toute latitude pour vous essayer au volant. Nous commencerons par apprendre à doubler à droite puis en tête-à-queue. Nous poursuivrons avec l'ignorance des priorités et des panneaux d'avertissement puisque, de toute façon, ce n'est valable que pour prévenir les autres que nous sommes des dangers publics. Il n'est pas non plus nécessaire de faire usage des recommandations, comme celle du port de la ceinture étant donné que vous allez descendre et remonter sans cesse. Vous éviterez autant que possible les contrôles techniques, ils ne vous seront d'aucune utilité étant donné qu'ils ne sont adaptés qu'aux symptômes physiques.
Vous essaierez la montée avec le frein à main, vous prendrez des paris sur des descentes, le pied au plancher. Préférez les petites routes montagnardes bien sinueuses sans pneus neige car le bord d'un ravin vaut bien une autoroute aussi ennuyeuse que rectiligne. La prise du sens interdit est un incontournable autant qu'un stationnement qui fait jouer les parechocs. Amusez vos congénères à rouler pleins feux en égratignant de pauvres innocents sur les passages cloutés.

Le cas de Chloé

Un des traits dominants de la nature cyclothymique de Chloé est sa susceptibilité excessive. Au quotidien, elle voyage avec ses différentes humeurs. Ses réactions, face aux mêmes événements, ne sont jamais les mêmes. « Ça dépend » dit-elle « de l'humeur sur laquelle je surfe, le jour où ça m'arrive ».
Chloé a donc réalisé l'importance de l'identification de son état au quotidien. Elle a aussi complété sa gestion de l'humeur par le repérage, dans les situations difficiles pour elle, du discours mental qu'elle peut avoir et de toutes les interprétations qu'elle peut échafauder. Cela lui a permis de ne plus jeter le bébé avec l'eau du bain.

Agir

Face à des traversées instables, il est important de prendre l'habitude de réagir de manière stable, en identifiant vos pensées automatiques et en vous souvenant de leur impact sur vos sentiments et comportements. Pour cela, nous vous présentons deux formules au menu de la gestion de vos situations difficiles :

Formule « DEPART »

Une situation de la vie de tous les jours peut déclencher une ou plusieurs émotions en lien avec une humeur, provoquant ainsi des réactions physiques, des comportements mais aussi des pensées. Dans l'objectif d'identifier spécifiquement ce qui se passe, utiliser le modèle présenté ci-dessous, en répondant aux différentes consignes de votre « DEPART » :

- **« D » comme déclencheurs** (le contexte responsable de vos émotions) : Décrire objectivement, sans jugement ni explication le contexte (les circonstances ou la situation) responsable de votre émotion
- **« E » comme émotions et les sentiments** (votre état émotionnel du moment) : Nommez ce que vous ressentez/l'état dans lequel vous êtes
- **« P » comme pensées** (toutes les idées et les images qui vous traversent l'esprit, votre discours mental) : Qu'est-ce que vous vous êtes dit ; quelles pensées vous ont traversé l'esprit ; quel(le) sens/interprétation, votre cerveau a-t-il donné à la situation ?
- **« A » comme actes ou comportements**
(ce que vous faites ou ce que vous êtes incapable de faire) : Qu'est-ce que ça vous pousse à faire, à ne pas faire ?
- **« R » comme réponses physiques** (ce qui se passe dans votre corps)
- **« T » comme tourner en rond** et répéter les mêmes scénarios de vie

Pour mieux comprendre cette formule « DEPART », jetons un coup d'œil au tableau de Chloé :

Tableau de Chloé

Date : le mardi 12 mai **Heure** : 10h **Humeur** pré « déclencheur »: +5 en irritabilité	
Déclencheur J'arrive au bureau au moment où tout le monde part au café. Personne ne me propose de venir	**D**
Emotions Je me sens exclue Je suis très triste	**E**
Mes PAN Les relations se sont refroidies avec ma collaboratrice, ce qui fait que je ne suis plus conviée aux pauses ; mes collègues me rejettent.	**P**
Acte que j'aurais adopté spontanément M'isoler, les convoquer pour leur faire des reproches sur leur travail, histoire de faire passer mes nerfs	**A**
Réactions physiques (pré analyse) Frustration, palpitation, jambe en coton	**R**
Tourner en rond	**T**

Formule « Arrivée »

Une fois appliquée la formule de départ des émotions cyclothymiques, passez à la formule « arrivée » comme le montre l'exemple de Chloé (tableau) :

- Remplacez vos pensées automatiques et vos croyances par d'autres qui sont plus réalistes
- Prenez l'engagement de changer vos vieilles façons de faire souvent impulsives contre des réflexions avant d'agir : agir au lieu de réagir
- Réexaminez de nouveau vos émotions : Comment vous sentez-vous une fois que vous avez modifié ces pensées ?

Tableau de Chloé

Date : le mardi 12 mai **Heure** : 10h **Humeur** pré « déclencheur »: +5 en irritabilité
Déclencheur J'arrive au bureau au moment où tout le monde part au café. Personne ne me propose de venir.
Emotions Je me sens exclue Je suis très triste
Mes PAN Les relations se sont refroidies avec ma collaboratrice, ce qui fait que je ne suis plus conviée aux pauses ; mes collègues me rejettent *Après réflexion,* **Mes PAR** En réalité, je suis aussi leur boss. Etant donné mon statut hiérarchique, ce n'est pas évident pour eux de venir vers moi. Cela dit, les autres n'ont pas changé d'attitude. Je dois être plus sensible aujourd'hui vu mon humeur irritable. Je me sens souvent rejetée quand je suis dans ce mood
Acte que j'aurais adopté spontanément M'isoler, les convoquer pour leur faire des reproches sur leur travail, histoire de faire passer mes nerfs *Après réflexion,* **Comportement réfléchi** Je vais poser mes affaires et je respire un bon coup. Je suis un peu triste certes, mais si je reste de mon côté, je le serai encore plus. Alors, je décide d'aller les rejoindre.
Réactions physiques (pré analyse) Frustration, palpitation, jambe en coton *Après réflexion,* Je me sens beaucoup plus détendue, cette petite réunion m'a fait du bien
Point d'arrivée **Humeur** post « déclencheur »: +1 (neutre)

A chaque fois que vous vous sentez envahi, débordé ou coincé par de fortes émotions, en bref quand ça ne va pas, entraînez-vous à passer du cerveau émotionnel au cerveau rationnel.
N'oubliez pas que les pensées les plus douloureuses sont automatiques et arrivent souvent pour des raisons qui vous semblent lointaines ou incompréhensives et que souvent vous ignorez sans parfois même le savoir. Elles passent donc inaperçues. En revanche, les dégâts qu'elles provoquent en termes émotionnels sont loin de passer inaperçus ! Troquez donc vos pensées automatiques négatives contre des pensées plus réfléchies et basées sur une réalité plus objective. C'est une question d'angle de perception ! Et c'est comme cela que l'on apprend à mieux vivre avec sa cyclothymie.

Continuez à vous entraîner pour arriver à un changement plus durable et surtout pour réussir à gérer les émotions les plus dures. Cela vous permettra d'atteindre les objectifs que vous vous êtes fixés au début de ce guide. Nous savons que ce n'est pas facile et que cela nécessite du temps et des efforts, mais c'est à vous de fixer vos priorités... Rien ne se fait sans effort ...
Sinon, le « déclencheur » risque de vous embarquer sur des voies émotionnelles plus douloureuses dont le chemin de sortie est plus long. Ces routes périlleuses sont la preuve que votre cerveau émotionnel est « à fond » et qu'il provoque tous ces bouchons et ces cycles dans lesquels vous vous retrouvez souvent coincé.

Gare aux cycles émotionnels !

Certaines situations que vous pouvez rencontrer dans la vie de tous les jours, peuvent raviver la flamme des différents cercles vicieux de la cyclothymie.

Ces cycles représentent peut-être les différentes facettes de vos humeurs au quotidien, mais ils peuvent, en fonction de la nature des déclencheurs, s'embraser et vous consumer avec. Vous ne roulez peut-être jamais sur des routes paisibles, mais gare aux trajets qui mènent vers les tourbillons (voire des tempêtes ou cyclones), dont les conséquences, en termes de souffrance et d'impact sur votre comportement, sont importantes et dommageables.

Nous allons détailler les cycles qui sont les plus récurrents. Vous noterez qu'ils commencent généralement par un déclencheur, qui alimente le cerveau émotionnel qui génère en retour des pensées automatiques inadaptées. Familiarisez-vous avec ces cycles pour mieux réussir à les déjouer, tout en n'hésitant pas à personnaliser les vôtres. Pour vous faciliter ce travail, nous vous proposons pour chaque cycle, une fiche pratique.

Vous constatez souvent que votre état peut présenter plusieurs cycles en même temps. Choisissez le cycle actuel le plus dominant ou en fonction de cette hiérarchie par ordre décroissant : hypomanie, mixte, dépression, colère, obsessions - compulsions, anxiété.

n°1
Le cycle de la dépression

Des déclencheurs : le rejet, la critique, la moquerie, ne pas être apprécié(e), être contrarié(e), avoir une mauvaise évaluation au bureau, être malade, divorcer, avoir des problèmes familiaux et autres.

Des pensées automatiques négatives et dévalorisantes : Les choses ne vont jamais changer ; je suis un looser ; toute ma vie est un échec ; personne ne m'a jamais aimé, personne ne m'aime et ne m'aimera jamais ; ma vie ne vaut rien et elle ne vaudra jamais rien ; je ne sers à rien ; à quoi bon ?...

Des émotions négatives : Le désespoir, la tristesse, le sentiment de solitude, le rejet ; de la contrariété, de l'irritabilité, du découragement, des sentiments de dévalorisation...

Des comportements négatifs : ne rien faire, dormir, regarder la télévision, ne pas parler, se faire du mal, s'isoler, boire de l'alcool...

Des réponses physiques : une petite forme, un petit appétit, de l'insomnie, des troubles de concentration, une perte ou une majoration de poids...

A- MON GPS INDIQUE DES SIGNES DE DEPRESSION - *A partager avec son entourage proche*			
Description	**Ce que je peux faire pour me faire du bien**	**Ce que je n'aime pas que les autres disent ou fassent**	**Comment mon entourage peut m'aider ?**
-Quand je me lève le matin de mauvaise humeur -La moindre parole émise par mon entourage m'exaspère - Je commence à devenir allergique aux reproches -Je pense que personne ne m'aime -Au réveil, j'ai la flemme -J'ai du mal à me lever du lit -Je suis triste le matin alors que je n'ai aucune raison de l'être -Je fais des efforts pour me concentrer, on dirait que je suis ailleurs -J'éprouve des difficultés à prendre des décisions -Je sens comme un vide en moi -Je suis irritable avec les collègues	-Ecouter de la musique dynamisante -envoyer un mail à mon copain Jeff, vu ses réponses toujours réconfortantes -Aller sous la douche -Mettre un DVD qui me fait rire -Faire 15 minutes de jogging -Manger léger -Me rappeler que ce n'est pas grave de ne pas réussir à finir tout ce que j'avais à faire -Faire une chose (aussi petite soit-elle) à la fois -Me rappeler que je ne suis pas la dépression et que j'ai des ressources pour lutter contre cet état -Me dire que c'est un mauvais quart d 'heure à passer -Utiliser les techniques cognitives - Bavarder avec quelqu'un (une personne nouvelle, un ami cher etc.)	-Que mon partenaire me fasse des reproches -Me parler de l'absence de mon investissement dans le couple - Rentrer dans mon jeu -Me dire que je ne fais aucun effort -Me dire que beaucoup de personnes sont encore plus malheureuses que moi -Me faire la morale sur les raisons de ma déprime -Chercher à me raisonner dans mes pensées négatives alors que je suis incapable de penser -Me parler du bonheur des autres pour me remonter le moral, ça m'enfonce plus bas que terre -Me faire des compliments	-Me rappeler que je peux contacter mon psy -Me rappeler de lier mon état et mes pensées à ma dépression et non à la réalité objective -Me dire qu'on m'aime - M'aider à sortir de mon lit -M'écouter -Me dire que je peux y arriver -Me rappeler que j'ai déjà surmonté des passes difficiles -Me demander comment tu peux m'aider -M'appeler si tu n'as plus de mes nouvelles depuis un certain temps et insister si je ne réponds pas au téléphone -Me donner un coup de main pour certaines tâches rébarbatives

n°2
Le cycle de l'hypomanie

Des déclencheurs : la rupture des rythmes (se réveiller très tard, faire des nuits blanches, cumuler un manque de sommeil), événements heureux, la consommation d'alcool/drogue, une période de grandes activités socio-professionnelles, les vacances, être contrarié(e), etc.

Des pensées automatiques positives : je suis capable de tout ; il faut rattraper le temps perdu/je n'ai pas de temps à perdre ; qu'est-ce que les autres sont lents ; dormir ne sert à rien ; je peux faire plusieurs choses à la fois, si je ne le fais pas, cela s'appelle du gâchis, etc.

Des émotions : l'euphorie/ l'irritabilité, le sentiment de toute-puissance, l'optimisme exagéré, etc.

Des comportements : accepter plusieurs sorties à la fois, ne pas s'arrêter de travailler, de rigoler, élaborer plusieurs projets à la fois, parler plus rapidement, consommer davantage d'alcool, de cigarettes, être très désinhibé(e), faire des choses plus rapidement que d'habitude, etc.

Des réponses physiques : les sens sont plus exacerbés, le cerveau se chauffe, avoir une pêche d'enfer/de l'énergie à revendre, avoir la bougeotte, etc.

B- MON GPS INDIQUE DES SIGNAUX D'HYPOMANIE - *A partager avec son entourage proche*			
Description	**Ce que je peux faire pour me faire du bien**	**Ce que je n'aime pas que les autres disent ou fassent**	**Comment mon entourage peut m'aider ?**
-Je suis au top de ma forme -Je suis plus sensible au mouvement, aux formes, au bruit, mes sens sont exacerbés -Je suis super optimiste -Je concrétise des projets restés en plan -J'appelle plus de potes -Je pars du bureau à des heures tardives -Une fois, les tâches quotidiennes du bureau accomplies, j'essaie d'avancer celles de demain -Je bois en semaine -Je parle plus vite -J'initie des conversations avec des inconnues dans le bus, contrairement à d'habitude -Mon entourage me fait remarquer que je suis un peu 'high' -Le soir, je ne rentre pas au lit avant 2h du matin -Je me sens plus intelligent	- Rester seul, au calme, et lire par ex -Croire les autres quand ils me disent que je suis en hypo -Ne pas entreprendre de nouveaux projets/Ne pas démissionner -Suivre mon planning au travail, sans rajouter d'activités non planifiées -Se forcer à partir du bureau aux heures habituelles - Se coucher au plus tard à minuit, aucune excuse n'est recevable -Eteindre mon ordinateur au plus tard à 23h. -Pratiquer mes exercices de yoga (pas plus d'une heure) -Prendre un bain « aromathérapie » -Tamiser les lumières -Faire des exercices respiratoires -Méditer -Parler doucement et prendre le temps de respirer entre chaque phrase	-Me demander si je suis en hypomanie -Me dire devant les autres que je suis en hypo -Me dire que je te fous la honte -Me dire que je suis un clown -Me dire que je fais mon show de star ou de diva -Me dire qu'il n'y a que moi qui compte -Me demander qu'est-ce que tu attends pour augmenter ton lithium ? -Me donner des ordres comme si j'étais un enfant -Me menacer -Me forcer (physiquement et verbalement) à m'arrêter ou à partir	- Tout simplement me dire : J'ai l'impression que tu es en hypo -Identifie clairement les situations et les états dans lesquels je suis : est-ce que j'exagère vraiment ? -Me rappeler que je t'ai donné la permission de me donner ton avis sur mon état et me dire que tu t'inquiètes pour moi -Me rappeler que je dois me coucher au plus tard à minuit -Me dire gentiment mais fermement que je peux finir mon activité le lendemain -Me rappeler de me détendre -M'offrir une bonne tisane dans une belle tasse -Me faire couler un bain

n°3
Le cycle d'un état mixte

Des déclencheurs : stress, nuits courtes, succession d'événements négatifs, consommation d'alcool ; menace de rupture sentimentale, etc.

Des pensées automatiques abondantes : ma tête est pleine de pensées ; je pense à tout et à rien ; mon esprit se chauffe et ne peut pas se calmer ; je planifie plusieurs projets à la fois ; je veux que ça s'arrête ; je me sens confus, etc.

Des émotions négatives et intenses : irritabilité extrême, je deviens hostile et de mauvaise humeur ; trop de colère ; sentiments de vengeance ; des crises saccadées de larmes et de rires sans raison, etc.

Des comportements : je suis agité : je tourne en rond et incapable de me relaxer ou de me détendre ; mon corps ne répond pas à mes pensées (heureusement, car j'ai envie de me foutre en l'air pour que ça cesse), etc.

Des réponses physiques : je suis agité ; trop de bougeotte ; je me sens tendu à l'extrême ; je ne dors pas (je dois dormir car je suis trop fatigué), etc.

C- MON GPS INDIQUE DES SIGNAUX D'ETAT MIXTE - A partager avec son entourage proche			
Description	**Ce que je peux faire pour me faire du bien**	**Ce que je n'aime pas que les autres disent ou fassent**	**Comment mon entourage peut m'aider ?**
-J'ai à la fois des pensées très négatives et beaucoup d'énergie -Je me sens nerveuse -J'ai la bougeotte -Les idées se bousculent dans ma tête dans tous les sens, ce qui m'empêche de dormir -J'ai envie de me scarifier -Je n'arrive pas à réfléchir tellement mon esprit est lent mais je cours dans tous les sens -J'ai envie de m'arracher la peau tellement je me sens mal -C'est insupportable, je déteste cet état -J'ai beaucoup de mal à travailler tellement je me sens bizarre -J'ai beaucoup de projets en tête mais je n'ai pas envie de les réaliser -Ma tête et mon corps ne sont pas synchrones	-Surveiller ma nourriture (pas de viande, ni de friture, ni de chocolat) -Boire de l'eau (bannir le coca, même celui décaféiné) -Boire des tisanes (de la camomille et de la menthe fraîche) -Faire des exercices où je me concentre sur ma respiration -Même si c'est très difficile de se détendre, le DVD « Five » me fait beaucoup de bien : voir un paysage vivant « filmé » en écoutant une musique relax m'apaise d'une manière « dynamique » -Rester seul ou avec un ami choisi pour sa « zen attitude », au calme	-Surtout pas de câlins ni de déclarations d'amour, ni de sexe : c'est insupportable pour moi -Ne pas me proposer d'alcool -Me laisser seul -Envahir mon espace vital -M'inviter au restaurant -Parler longtemps et fort -Me parler de tes problèmes pour soi-disant me changer les idées	-Savoir que c'est très dur pour moi et me le dire -Me rappeler que les exos respiratoires me font du bien -Me mettre mon DVD privilégié pour cet état, sous mon nez -Me proposer des petites promenades -Cuisine r léger -Me laisse r mon espace vital en ne restant pas très loin -Me rappeler que je vais réussir à m'en sortir -Me rappeler que je peux téléphoner à mon psy (qui pourrait m'aider)

n°4
Le cycle de la colère

Des déclencheurs : le rejet, la critique, la moquerie, ne pas être apprécié(e), être contrarié(e), être frustré(e), avoir une mauvaise nouvelle, être malade, se sentir blessé, des problèmes familiaux et autres.

Des pensées automatiques : il m'a cherché(e) ; tout le monde m'en veut/tout le monde m'attend au tournant ; laissez-moi tranquille ; la vie est injuste ; je déteste tout le monde ; je me déteste ; on ne peut rien y changer ; je ne peux rien faire ; je te ferai la peau en premier ; je m'en fous ; ce sont tous des enfoirés, etc.

Des émotions négatives : l'irritabilité, le désespoir, la rage, le sentiment d'être blessé, d'être rejeté, la haine, très ennuyé, perturbé, exaspéré, ras-le-bol, l'envie de tout casser.

Des comportements négatifs : des conflits (très fréquemment) voire des bagarres, de la consommation d'alcool/de cannabis ; blâmer les autres, se faire du mal, crier, argumenter, être sur la défensive, dire des méchancetés, insulter, balancer des objets.

Des réponses physiques : avoir les muscles tendus, une accélération du rythme cardiaque, les sueurs, les tremblements, les joues rouges, la mâchoire serrée, le souffle coupé, etc.

D- MON GPS INDIQUE DE L'IRRITABILITE/ DE LA COLERE - *A partager avec son entourage proche*

Description	**Ce que je peux faire pour me faire du bien**	**Ce que je n'aime pas que les autres disent ou fassent**	**Comment mon entourage peut m'aider ?**
-Quand je démarre au ¾ de tour -Je ne supporte plus qu'on me touche -J'insulte les gens dans la rue quand ils me doublent -Je deviens allergique au « non » -Je remarque tout ce qui ne va pas dans la pièce : les chaussettes qui traînent, un cendrier pas à sa place -Rien ne me convient -Je me sens bizarre de l'intérieur -Je me ronge les ongles -Je fume beaucoup de cigarettes et je bois pas mal de cafés -Je parle sur un ton cinglant -Je me sens visé et je réponds de manière incisive -Je critique tout et tout le monde -Je dis du mal des autres -J'envoie balader facilement	-Ne pas culpabiliser de mes actes -Sans me dédouaner de mes actes, ne pas me juger mais nommer mon humeur pour savoir quoi faire - M'excuser si j'ai fait de la peine aux autres -Un bain -Aller à des cours de yoga -Faire de longs exercices de relaxation respiratoire -M'isoler -Respirer 10 secondes avant de répondre aux paroles de l'autre -Différer l'envoi de mails meurtriers aux personnes dans mon collimateur -Eviter de répondre si je sens que mes paroles peuvent dépasser ma pensée - Voir une comédie en DVD (pas de film violent)	-Faire du bruit (mâcher à côté moi, parler fort, regarder la télé ou écouter de la musique fort) -Me poser des questions : sur comment je vais, pourquoi je suis irritable, pourquoi je ne parle pas -Mettre l'accent sur ce qui ne va pas dans ma vie -Me dire que je suis insupportable/invivable -Me demander des comptes -Me demander de ne pas embêter le monde -Me faire des compliments -Mes proposer des sorties -Inviter des personnes par surprise -Me demander de changer -Me faire des câlins -Se rapprocher physiquement de moi	-Me laisser poursuivre mon activité sans m'interrompre pour me demander des choses à faire -Ne pas répondre à mes «invitations » aux problèmes : comme les reproches, les critiques ou les méchancetés que je peux balancer -Me rappeler qu'il ne vaut mieux pas faire de points sur le couple, les histoires de famille quand on est dans ce genre d'états -Me dire clairement : on rediscutera de « ça » à un autre moment -Me dire « que l'on m'aime » furtivement ; même si je ne réponds pas et que je tourne le dos, cela me fait du bien -ME LAISSER TRANQUILLE

n°5
Le cycle de l'anxiété

Des déclencheurs : des changements de repères (comme le déménagement), parler en public, aller à une fête où l'on ne connaît pas beaucoup de personnes, avoir une évaluation/une présentation/un accident, être malade, avoir des douleurs physiques, souffrir, etc.

Des pensées automatiques anxieuses – des inquiétudes : ²a me fait vraiment flipper ; je ne pourrai pas y arriver ; quelque chose de terrible va se produire ; c'est sans espoir ; comment faire pour s'en sortir ; ce n'est pas possible ! Tout le monde va se moquer de moi ; je vais tout rater ; je vais me ridiculiser, etc.

Des émotions négatives : la peur, la nervosité, l'irritabilité, l'embarras, la panique, la tension, l'appréhension, le sentiment de désespoir, le tremblement, etc.

Des comportements négatifs : ne pas aller travailler, évitement de situations, perfectionnisme, consommation de cannabis/d'alcool, devenir dépendant des autres, inventer des excuses, être moins performant.

Des réponses physiques : avoir mal à l'estomac/maux de ventre, les muscles tendus, une accélération du rythme cardiaque, les sueurs, les tremblements, une boule dans la gorge, les joues rouges, la mâchoire serrée, le souffle coupé, etc.

E- MON GPS INDIQUE DE L'ANXIETE - *A partager avec son entourage proche*			
Description	**Ce que je peux faire pour me faire du bien**	**Ce que je n'aime pas que les autres disent ou fassent**	**Comment mon entourage peut m'aider ?**
-Je n'arrête pas de penser à l'état de mon corps (gros, mou etc.) -Je vérifie compulsivement mes mails -Je pense sans cesse à la robe /voiture que j'ai vue -Je veux tout nettoyer chez moi -Mon nouvel amoureux m'obsède -J'écoute en boucle, sans pouvoir m'arrêter des chansons sur « youtube » -Je surfe sur le net compulsivement -Je suis obsédé€ par la crise économique -Je n'arrive pas à enlever de ma tête l'idée de finir seul un jour/ de rater ma vie, etc.	-Essayer de se détendre, même si je n'en ai pas envie -Me rappeler que je suis anxieux, quel que soit le thème qui m'obsède : il serait bon de gérer donc mon anxiété et non directement le thème en soi. -Faire des activités saines, source de plaisir et de détente comme le sport, une ballade, du jardinage, etc. -Me rappeler que mon cerveau se focalise sur l'aspect négatif d'une situation, oubliant les aspects positifs -Ranger ma carte de crédit avant de sortir en me disant que tu verras bien dans quelques jours si cet achat me paraîtra toujours aussi intéressant - Me confronter au pire scénario et élaborer des stratégies de sortie (cf. Fiche « J'ai un problème à résoudre »)	-Trouver des arguments pour arrêter ma fixette. CA NE MARCHE PAS ! Au contraire, ça alimente mon angoisse -Me demander de ne pas m'inquiéter. Ca alimente mon angoisse -Me demander pourquoi je le fais. JE N'EN SAIS RIEN. Ca me stresse davantage -Rentrer dans mon jeu -Minimiser la situation -Me critiquer -Me dire que tu en as marre de mes fixettes -Me dire que c'est facile d'arrêter, il suffit d'avoir un peu de volonté. Non seulement ça me rend plus anxieux, mais mon estime tombe plus bas que terre	-EN ME RAPPELANT QUE JE SUIS ANXIEUX(SE) ET QUE LE THEME DE MON ANXIETE N'EST PAS EN REALITE LE VRAI PROBLEME -En me proposant des activités plaisantes -M'aider à élaborer des solutions face à un scénario catastrophe

E'- MON GPS INDIQUE QUE J'AI UN PROBLEME CONCRET A RESOUDRE - ***A partager avec son entourage proche***

Description	Ce que je peux faire pour me faire du bien	Ce que je n'aime pas que les autres disent ou fassent	Comment mon entourage peut m'aider ?
Toutes les situations source de frustration, de tension ou d'émotions négatives	-Utiliser la technique de résolution des problèmes : *a- Distinguer ce que je ressens de la situation qui a provoqué mon émotion (négative) :* ***Je suis anxieux (émotion) parce que l'école de ma fille la menace de redoubler (le problème)*** *b -Réfléchir rationnellement aux différentes solutions possibles :* *Est-ce que je peux faire quelque chose ? Si oui, préciser :* ***1-Je peux la laisser redoubler*** ***2-Je peux financer des cours de soutien*** ***3-Je lui en parle pour prendre son avis*** ***4-Je la punis*** *d- Anticiper les conséquences des différentes actions possibles (Au pire, Au mieux) et choisir une ligne d'action :* ***J'ai décidé de la soutenir par des cours particuliers : au pire, elle redoublera (ce qui lui permettra d'être plus à l'aise l'année prochaine) ; au mieux, elle passera. De toutes façons, j'aurai fait de mon mieux*** -Appeler Carl, qui m'aiderait à voir les choses objectivement -Avant de me précipiter dans une réaction hâtive et surtout émotionnelle, prendre le temps d'écrire mon problème sur un papier	-Me dire que c'est trop facile -Me reprocher de me faire du souci pour rien -Donner des points de vue, en théorie très beaux, mais inapplicables en réalité -Me harceler de questions -Se moquer de moi -Changer de sujets -Critiquer négativement ce que je dis, sans rien proposer -Me dire ce que je n'aurais pas dû faire	-M'apporter des idées claires, nettes et précises de solutions, sinon se taire -M'écouter, sans m'interrompre -M'apporter du calme -Me donner une opinion sincère sur le problème en soi (et non sur toute ma vie et sur toute la planète)

n°6
Le cycle des obsessions-compulsions

Des déclencheurs : stress au travail, climat tendu en famille, fatigue, etc.

Des pensées automatiques (obsessions) : je doute de tout ; j'ai peur de faire du mal à mes proches ; images mentales de violence (étrangler mon conjoint), etc.

Des émotions : la solitude, le sentiment d'insécurité, des angoisses, la colère, la frustration, etc.

Des comportements ritualisés : obligation de tout vérifier ; contrainte de répéter mes gestes plus de quatre fois ; prendre des précautions excessives, réduire mes activités, faire juste le minimum, etc.

Des réponses physiques : fatigue, mauvais sommeil (vérifier une fois tout le monde endormi), tension physique, douleurs dans la nuque, etc.

F- MON GPS INDIQUE DES OBSESSIONS ET DES COMPULSIONS - ***A partager avec son entourage proche***

Description	Ce que je peux faire pour me faire du bien	Ce que je n'aime pas que les autres disent ou fassent	Comment mon entourage peut m'aider ?
-J'ai peur d'être un pédophile - Je suis obsédé par la peur d'attraper le sida - J'essaie de chasser des images que je considère obscènes et qui s'introduisent dans mon esprit par intrusion - Je vérifie sans cesse que le gaz est fermé - Je me lave les mains inlassablement - Je répète mes gestes pour éviter une catastrophe (à moi et à mes proches) - Je n'arrive pas à achever un travail ou une tâche, par besoin de perfection - Je vérifie plusieurs fois tout ce que j'écris par peur de fautes que je n'aurais pas vues -J'ai besoin que tout soit parfait	- Me rappeler que mes peurs de faire du mal à mes proches, mes doutes et mes images mentales intrusives qui me terrorisent et me remplissent de honte ont un nom : TOC. - Me souvenir que le TOC est un problème de « sérotonine » - Me rappeler qu'un TOC est un problème concret qui se traite d'une manière concrète -Ne pas culpabiliser ni de mes rituels, ni de mes obsessions - M'occuper -Différer au moins de 20 minutes mon rituel - Faire l'inverse de ce que mon TOC me dicte - Me confronter à mes obsessions - En parler avec mon psy ou un professionnel de la santé	- Me demander d'arrêter - M'empêcher d'accomplir mon rituel - Me critiquer et me traiter de tous les noms - Faire exprès de me provoquer - Se moquer de moi - Banaliser mon problème - Me parler de mes peurs et de mes doutes devant les autres - Se prendre pour mon psy	- Me soutenir - Me rappeler que mes peurs, mes doutes, quel que soit leur thème, font partie de mon TOC - Etre compréhensif quand je n'arrive pas à gérer mon angoisse - Ne pas rassurer en me disant que je n'ai pas de raisons de douter ou d'angoisser - Ne pas me présenter une série d'arguments destinés à apaiser mes peurs et mes doutes - Se renseigner sur le TOC à travers la lecture d'ouvrages ou de sites Internet spécialisés

En résumé

Récapitulatif de la gestion de l'humeur

Au terme de cette partie, vous aurez appris à éviter les différents cycles émotionnels, tout en les apprivoisant :

- Identifier les situations passées et présentes, les événements à risque, les personnes et les comportements que vous pouvez adopter qui servent de déclencheurs aux spirales de vos émotions négatives.
- Repérer les pensées automatiques générées par votre cerveau émotionnel (qui portent sur vous, le monde et l'avenir : ex : je suis un looser, la vie ne vaut rien et ça ne changera pas avec le temps).
- Chercher les preuves et arguments qui valident ou réfutent ces pensées.
- Une fois que vous les avez trouvés, vous pouvez échanger vos anciennes pensées contre de nouvelles pensées plus réalistes. N'oubliez pas que par ce moyen-là, vous apprendrez à changer votre angle de perception. Il sera ainsi plus adapté à la réalité "objective" et ne subira plus uniquement l'influence de votre réalité émotionnelle.
- Lister un grand nombre de solutions (ou alternatives à la place des solutions habituelles).
- Rompre les cercles vicieux émotionnels mais aussi apprendre à les voir venir pour pouvoir les prévenir.
- N'oubliez pas l'importance des plans d'actions sine qua non à l'action.

Nous savons que c'est dur, que c'est long,
que c'est plus facile à dire qu'à faire
et que ça prend du temps, mais c'est possible.

4

Ne laissez jamais votre cyclothymie gâcher votre santé et votre travail

Etat des lieux

Les questionnaires qui suivent vous aideront à évaluer votre qualité de vie pour la santé physique et le travail.

Répondez en utilisant les scores comme suit :

1 : pas du tout ou jamais
2 : rarement
3 : parfois
4 : souvent ou la plupart du temps
5 : très souvent ou tout le temps

Votre santé physique ?

Vous êtes-vous senti(e) bien, sans la moindre douleur ou gêne ?	1	2	3	4	5
Vous êtes-vous senti(e) reposé(e) ?	1	2	3	4	5
Vous êtes-vous senti(e) plein(e) d'énergie ?	1	2	3	4	5
Vous êtes-vous senti(e) en excellente santé physique ?	1	2	3	4	5
J'ai gardé une habitude d'exprimer ma vie spirituelle	1	2	3	4	5
Vous êtes-vous senti(e) au minimum en très bonne santé physique ?	1	2	3	4	5
Avez-vous vécu sans inquiétude à propos de votre santé physique ?	1	2	3	4	5
Avez-vous eu la sensation d'avoir suffisamment dormi ?	1	2	3	4	5
Vous êtes-vous senti(e) capable d'être assez actif(-ve) physiquement ?	1	2	3	4	5
Avez-vous eu la sensation d'être adroit(e) ?	1	2	3	4	5
Avez-vous eu la sensation que votre mémoire fonctionnait bien ?	1	2	3	4	5
Vous êtes-vous senti(e) bien physiquement ?	1	2	3	4	5
Vous êtes-vous senti(e) plein(e) d'entrain et de vitalité ?	1	2	3	4	5

(Si vous avez 4 réponses cotées 1 ou 2, votre qualité des activités physiques est altérée)

Votre activité professionnelle ?

Je prends du plaisir à travailler	1	2	3	4	5
Je résous des problèmes au travail ou fais face sans stress inutile	1	2	3	4	5
J'ai les idées claires en travaillant	1	2	3	4	5
Je suis capable de faire des choix clairs et précis dans mon travail ou de prendre les décisions nécessaires	1	2	3	4	5
Je peux mener à bien ce que je veux faire	1	2	3	4	5
Je suis satisfait(e) des choses que j'ai réalisées dans mon travail	1	2	3	4	5
J'ai l'impression de bien travailler	1	2	3	4	5
Je suis intéressé(e) par mon travail	1	2	3	4	5
Je suis suffisamment concentré(e) sur mon travail	1	2	3	4	5
Je travaille consciencieusement	1	2	3	4	5
Je fais le travail que l'on attendait de moi	1	2	3	4	5
J'accomplis le travail moi-même, sans l'aide de personne, quand c'est nécessaire	1	2	3	4	5
Je communique et travaille en me sentant à l'aise avec les autres au travail	1	2	3	4	5

(si vous avez 4 réponses cotées 1 ou 2, votre qualité de vie professionnelle est altérée)

Imposture (texte de Mme K., dimanche 14 juin 2009)

Petite fille qui joue la star
Garçon manqué qui se bagarre
Ou juste à part dans le couloir
Analysant tout, bien à l'écart

Des études brillantes en apparence
Elle a réussi, grâce à sa persévérance
Pourtant si le résultat est là
Elle sait comment elle a obtenu tout ça

Puis viennent les projets et tous les enjeux
Tel un chef d'orchestre elle rythme les tâches
C'est elle qui sait, elle brille au milieu
Certains suivent l'astre, d'autres se cachent

Et puis brusquement, juste avant la fin
L'astre disparaît, la lumière s'éteint
Limiter les dégâts, trouver un médecin
Sécuriser le déclin, quelques baratins

Le temps s'est arrêté, pour elle seulement
Prisonnière de son corps, sa tête vit encore
Ou du moins bouillonne tel un flot de sang
Prisonnière de sa tête, lui offrir un trépan

Imposture, injustice, Abandon
Sont les mots qui rythme son sort
Ouf ! Dr Elie est là avec ses bonbons

Comment la cyclothymie peut-elle gâcher votre travail ?

Votre tempérament et votre vie émotionnelle vous accompagnent partout, même au travail. Votre enthousiasme pour votre job et pour les projets en cours peuvent varier au rythme de l'humeur et des niveaux d'énergie en dents-de-scie. En hypomanie par exemple, vous élaborez de nouvelles idées et vous passez un nombre d'heures incalculables au bureau, une situation qui devient insoutenable quand l'énergie se remet à baisser. De même que l'intérêt pour votre job est labile, vous êtes tenté de démissionner au gré de votre humeur.

Vous ne réagissez presque jamais de la même manière. Evidemment ! Tout dépend de votre humeur et des sensibilités du moment. On ne sait donc plus comment et par quel bout vous prendre. Vous travaillez aussi pour la reconnaissance : cela se transforme souvent en véritable quête du Graal, qui ravive les fragilités inhérentes à votre tempérament.

Vous êtes affectivement trop impliqué dans votre vie professionnelle, y engageant l'ensemble de votre personne jusqu'à votre « moi » privé et intime. Vu votre sensibilité au rejet, d'autant plus en période aiguë, en phase dépressive ou hypomaniaque, la « porte aux problèmes » est ouverte.

Vous pouvez vous mêler des affaires qui ne vous regardent pas comme défendre les droits de vos collègues. Comme vous êtes très réactif, très sensible et très intense, des conflits peuvent souvent survenir avec les collaborateurs et se transformer, dans certains cas, en une véritable « bombe ».

Quand la perception de soi est instable et quand l'énergie est déréglée par les vagues de l'humeur, le cyclothymique réagit souvent en s'acharnant sans relâche sur son travail, passant des heures au téléphone (avec les amis ou les proches), naviguant sur le net, écrivant des mails interminables ou encore initiant des conversations sans fin avec les collègues.

Votre confiance est souvent tributaire de « l'extérieur » : des compliments, des gratifications des collègues, de la hiérarchie ou du patron. Les repères de votre estime (vu les changements permanents de l'humeur) semblent se trouver à « l'extérieur » de vous. Vous mélangez également l'affect avec le « pro ». Or, introduire de l'affectif dans le professionnel ne peut que réactiver vos fragilités.

En bref, les attitudes extrêmes, les comportements motivés par le besoin de reconnaissance et la recherche de validation et l'introduction de l'affectif dans le professionnel sont des facteurs suffisants pour altérer la qualité de vie professionnelle.
Il est donc temps de vous prendre en charge et d'améliorer votre vie professionnelle.

Carl ou le « passionné par intermittence »
« J'ai grandi dans un milieu où tout le monde savait ce qu'il voulait faire dans sa vie.
Je n'ai jamais compris comment ils faisaient. En seconde, alors que moi je passais mon temps, soit à faire la fête, à fumer des joints et à draguer des filles, soit à contempler la vie et à méditer le problème des êtres humains, ils préparaient leurs concours prévus dans deux ans ! Mon dieu, comment est-ce possible ? Moi, je ne savais pas si je pouvais tenir mes projets prévus pour le lendemain ! J'en ai conclu après réflexion, que nous ne venions pas de la même planète.

Puis, sous la pression sociale et l'influence de mes parents, j'ai décidé de faire comme tout le monde et de m'intégrer à la planète des hommes. Je me suis passionné pour des études de droit, c'était le printemps de l'an 2000 et je me suis imaginé Grand Maître en train de défendre les causes perdues. Je me suis vu gagner procès sur procès et devenir célèbre et riche. Je me suis évidemment inscrit à la dernière minute. Ma motivation, ma joie, n'ont pas fait long feu. Classique chez moi. Vers le mois de décembre, la réalité me rattrapait et je commençais à déprimer. Les cours sont tellement loin de mes rêves qui me semblent inatteignables. Je continue à aller en cours mais de moins en moins, jusqu'en février où je décide d'abandonner. Vous allez rigoler mais le scénario s'est répété, de la même manière durant cinq ans : au printemps, avec l'arrivée du soleil et des beaux jours, ma motivation bourgeonnait comme les premières fleurs printanières. Et j'y croyais à chaque fois. Puis vers la fin de l'hiver, je perdais toutes mes feuilles. J'ai voulu être médecin, archéologue, psychologue, faire du commerce international. Je n'arrêtais pas de changer de filière, puis j'ai changé d'avis, comme d'habitude diriez-vous. Je ne voulais plus faire d'étude. J'ai décidé de me lancer dans le marché du travail qui « bouge ». Aujourd'hui, je suis serveur depuis trois ans ; mais en trois ans, j'ai changé huit fois de restaurants, souvent pour des raisons différentes, sous le coup de l'impulsivité, de la colère ou sous l'effet cinglant de la critique de mes patrons. Je suis une personne qui change d'avis, d'objectifs et de conviction en permanence. Heureusement, je ne passe pas à l'acte aussi souvent que mon humeur change. Je réussis à m'accrocher. En revanche, quand les vagues sont plus séduisantes, je me laisse entraîner. Je suis, comme mes amis m'appellent, « un passionné par intermittence ».

Pour une vie professionnelle plus épanouie

Avant de vous présenter les trois étapes ou destinations à atteindre, soyez vigilant sur les principes de base déclinés ci-dessous :

Travaillez les ressources en vous

Que les repères soient en vous ! Ne vous laissez plus embarquer dans les méandres du changement d'humeur. Apprenez à la déjouer, d'où l'importance de la connaissance du fonctionnement de vos différents états d'âme (cf. les chapitres précédents).

Remplacez le « tout ou rien »

dans votre manière de travailler, par des nuances : adoptez un plan de travail remplacé plus ou moins fixe et permanent, qui soit votre repère et point d'ancrage. Ce n'est plus l'humeur qui décide de la quantité et de la qualité de votre travail mais votre plan.

Vous n'avez pas besoin d'être aimé dans votre boulot

mais plutôt d'être apprécié par la qualité de votre travail et de votre professionnalisme.

Aspirez à une reconnaissance objectivable :

promotion, reconnaissance salariale, bonus, prime, rémunération indirecte (comme voiture de fonction, portable, formation prodiguée par la boîte, etc.).

Ces principes une fois adoptés, voici un guide en trois étapes qui pourrait vous aider à améliorer votre vie professionnelle :

- Mettez l'accent sur la connaissance de votre « moi » professionnel
- Optimisez vos performances
- Communiquez mieux avec les autres

Etape n°1
Mettez l'accent sur votre "Moi" professionnel

Apprendre à se connaître	✓ Prendre le temps de s'assurer que la voie empruntée est la vôtre (bilan de compétences) ✓ Choisir un milieu professionnel qui respecte vos tendances naturelles ✓ Découvrir ses forces et ses faiblesses
Apprendre à s'estimer	✓ S'accrocher à ses valeurs ✓ Ne pas assimiler des actes pro à l'ensemble de sa personne ✓ Développer ses talents naturels
Apprendre à se protéger (faire la part entre votre identité professionnelle et l'ensemble de votre identité)	✓ Ne pas lier et réduire son estime personnelle à son travail ✓ Ne pas s'engager dans des relations de grandes proximités affectives avec les collègues ✓ Partager des moments agréables avec les autres sans nécessairement faire des confidences très intimes susceptibles de se retourner contre vous ✓ Aller au travail pour faire du bon boulot et non pour être aimé ✓ Chercher la reconnaissance à travers la majoration de salaire, de poste et non seulement de compliments éphémères
Reconnaître ses limites	✓ Faire l'inventaire de vos ambitions réalistes ✓ Découvrir par vous-même si vous préférez occuper ou pas des postes hiérarchiques ✓ S'informer sur les possibilités des différents secteurs à travers les lectures, le net ou les discussions avec les personnes exerçant des métiers qui vous intéressent
Croire en vous	✓ Modifier graduellement vos habitudes de vie ✓ Passer d'un mode « passif » où vous attendez que « ça vous arrive » à un mode « actif » où vous faites en sorte que cela vous arrive ✓ Fréquenter des personnes qui ont tendance à être positives ✓ Inspirez-vous des personnes que vous admirez ✓ Etre en bon terme avec les personnes décisionnaires dans votre boîte ✓ Communiquer aux bonnes personnes, vos actions professionnelles positives (réussite d'un projet, félicitations du client, etc.)

Etape n°2
Optimisez la qualité de vos performances professionnelles

Se fixer des objectifs	✓ Ne vous acharnez pas contre les murs infranchissables, pour éviter les déceptions inutiles ✓ Planifier votre avenir, en vous concentrant sur ce que vous faites actuellement ✓ S'accorder de petites victoires en cours de route
Se perfectionner	✓ Remplacer la critique négative de soi par des actions constructives : augmenter vos connaissances en vous tenant à jour de l'actualité de votre métier ✓ Effectuer des formations ✓ Laissez votre ego de côté et demandez des coups de main et des conseils à des « seniors »
Prendre les bonnes décisions	✓ Lorsqu'une occasion se présente, après avoir pesé le « pour » et le « contre », poser sa candidature à un poste ✓ Prendre toutes les occasions de se valoriser et d'expérimenter autre chose dans votre voie
Développer son réseau interpersonnel	✓ Etre ouvert aux autres, et non seulement centré sur vous ✓ S'ouvrir, sans se perdre de vue ✓ Préserver un bon climat autour de vous ✓ Valoriser votre entourage sans vous dévaloriser ✓ Aider les autres, sans vous dévouer corps et âme
Améliorer sa communication	✓ Ecouter l'autre avant de lui répondre ✓ Faire la part entre une humeur irritable et des faits objectivement injustes ✓ Se concentrer sur sa respiration ✓ Faire de l'empathie ✓ Utiliser des arguments factuels pour défendre votre point de vue ✓ Parler et surtout ne pas crier (bannir les insultes et les menaces)
Soigner son image	✓ Apprendre à contrôler sa voix et sa gestuelle, indépendamment de son humeur (travaillez votre respiration) ✓ Soigner votre apparence physique (ni trop, ni pas assez) ✓ Faire de l'humour (est le meilleur moyen de se détendre)
Trouver l'équilibre entre une vie personnelle et une vie professionnelle	✓ Se fixer des heures précises de départ du bureau ✓ Se ménager du temps pour penser à vous ✓ Couper son Blackberry lors des moments de détente et à l'approche de l'heure du sommeil ✓ Faire du sport (malgré une activité importante) ✓ Manger sainement (surtout en période de stress)

Etape n°3
Ouvrez-vous aux autres

Savoir parler	✓ Pas besoin de raconter votre vie pour justifier votre point de vue ✓ Communiquer des messages clairs, concis et précis, donne envie à l'interlocuteur de vous écouter ✓ L'information que vous émettez a plus de valeur si elle est clairement exprimée (notamment dans un langage que votre interlocuteur peut comprendre) ✓ Vous avez le droit d'exprimer plaintes et objections, mais choisissez un moment opportun pour vous (humeur plus ou moins stable) et pour l'autre (pas n'importe où, ni n'importe comment, ni à n'importe quel moment)
Savoir écouter	✓ Il est presque impossible d'écouter en parlant, d'où l'importance de savoir parfois se taire ✓ Faire savoir à l'autre que vous avez reçu son message, toujours dans la courtoisie (même si vous n'êtes pas d'accord) ✓ Accordez-vous le temps de réfléchir avant de répondre ✓ Prenez la peine de clarifier les incompréhensions ✓ Faire la part entre ce que vous dit votre interlocuteur et ce que vous entendez (gare aux interprétations subjectives)

Après avoir exposé des stratégies destinées à vous aider à améliorer la qualité de votre vie professionnelle, vous trouverez ci-après un plan de secours à adopter en cas de turbulence dans votre boulot.

G- PLAN DE SECOURS QUAND MON GPS INDIQUE DES « TURBULENCES » DANS MON JOB	
Description	**Ce que je peux faire pour me faire du bien**
-Je remets toujours à plus tard ce que je dois faire -Je veux démissionner -Je suis rabaissé par les compliments effectués aux autres -Je dis ce que je pense sans tenir compte des conséquences -Je claque la porte ou je me barre lors d'un entretien d'une manière inopinée -Je ne bosse pas -Je n'arrive pas à finir un projet dans les délais (car je suis lent ou débordé) - Mon supérieur me fait des critiques négatives à propos de mon travail -Mon supérieur/ mon collègue critique ma personnalité -Je veux tout faire à la perfection	-Repérer les avantages à en finir avec une tâche désagréable -Peser le pour et le contre d'un comportement que vous avez envie d'adopter avant de passer à l'acte (Pas de décision importante instantanée si je ne suis pas stable) -Lister, par écrit, l'ensemble des choses à faire avec les deadlines - Fixer les priorités -S'attaquer à la tâche dont l'échéance est la plus rapprochée, en faisant de son mieux -Accomplir une chose à la fois -Faire les choses l'une après l'autre et non tout en même temps -Se concentrer sur la tâche en cours -Prendre le temps (au moins 7 secondes) de réfléchir avant de répondre aux sujets qui vous déstabilisent -Face à une critique sérieuse sur votre travail : demander à l'autre de préciser clairement ce qu'il vous reproche, avant de vous lancer dans une justification sans fin. Apprendre de ses erreurs est la meilleure façon d'évoluer -Se rappeler que l'erreur est humaine (tout le monde se trompe) et que c'est une composante essentielle de l'apprentissage -Se rappeler que la perfection n'existe pas et qu'on peut toujours mieux faire, alors, inutile de s'acharner à parfaire -Se contenter parfois de fonctionner en mode « économique » : ne pas s'épuiser sur des tâches secondaires et préserver son énergie pour les tâches essentielles -Face à une critique sur votre personnalité : faire de l'humour : « Eh oui , je ne suis pas parfait », mettre l'accent sur vos capacités « Je suis peut-être une grande gueule, mais je suis un très bon manager et c'est d'ailleurs pour ça que je suis rémunéré », exagérer le trait avec humour, si le reproche vient d'un 'non supérieur' « Je peux encore être plus terrible que tu ne peux l'imaginer, alors je serai toi, je me méfierai »

Pensez à garder la forme

Se relaxer

- Prenez le temps pour vous détendre et prenez l'habitude de le faire au quotidien, à des horaires fixes
- Expérimentez plusieurs techniques de relaxation. Choisissez celle qui vous correspond le plus et qui vous paraît la plus praticable :
  - Faire des ballades
  - Écouter de la musique apaisante
  - Faire du vélo ou danser durant 20 minutes
  - Prendre conscience de sa respiration et pratiquer des exercices de contrôle respiratoire
  - Méditer
  - Avoir des activités manuelles
  - Avoir des activités artistiques (comme la peinture, le dessin, la poterie, la photo)
- Évitez autant que possible l'alcool ou les drogues que sont d'habitude utilisées pour diminuer le stress ou maintenir l'humeur hypomaniaque

Gérer votre argent

- Élaborez des budgets mensuels
- Calculez vos dépenses fixes
- Prévoyez un petit budget pour les dépenses aléatoires (à déterminer à l'avance) et ne le dépassez pas
- Consultez des professionnels financiers si vous avez des dettes

Gérer votre temps

- N'hésitez pas à mettre en place un planning d'activités (sur votre téléphone portable par exemple)

- Faites des mémos pour vous rappeler des choses importantes à faire. N'oubliez pas les moments de détente

Mettre en place des attentes réalisables

Personne n'est parfait et personne ne peut tout faire. Alors, inutile de s'acharner à l'être !

- Privilégiez plutôt l'acceptation de soi et bannissez les auto-reproches
- Apprenez à vous nourrir de vos accomplissements au lieu de vous reprocher les choses que vous n'avez pas faites
- Transformez les choses que vous n'avez pas faites en objectifs à atteindre (n'oubliez pas de le faire par petit « pas »)

Adoptez une hygiène de vie qui aspire à la stabilité : sommeil, nourriture, activités physiques…

Un sommeil de bonne qualité

- Manger léger le soir permet un sommeil de meilleure qualité. La digestion augmente la température corporelle et perturbe le sommeil. Une petite astuce : laissez passer deux heures entre la fin du dîner et le coucher.

- Réveillez-vous et couchez-vous à heure fixe, que vous soyez un lève-tôt ou un couche-tard. Cela vous permettra de retrouver un sommeil plus régulier et plus réparateur ainsi qu'une humeur plus agréable au réveil. Il est évident que les exceptions sont permises notamment quant aux heures de coucher, mais idéalement, il serait bien que vous puissiez conserver la même heure de réveil pour que votre horloge biologique maintienne les pendules à l'heure.

- Limitez et évitez les stimulants (tels que le café, le coca, le chocolat) après 17h. Ils pourraient nuire à la qualité de votre sommeil voire vous empêcher de dormir.

- Exercez une activité physique matinale qui est le meilleur moyen de bien dormir et d'éviter les réveils nocturnes. Il est recommandé d'éviter de pratiquer une activité stimulante le soir et de privilégier les activités hypostimulantes (tels que la natation, le yoga, le tai-chi).

- Videz par écrit vos tracas avant de vous coucher. De même qu'on ne parle pas des sujets qui fâchent avant de dormir, il vaut mieux, si vous avez des inquiétudes, prendre un papier et noter tout ce qui vous gêne (promettant de vous en occuper le lendemain).

- Privilégiez les chambres zen à l'ambiance « lounge ». Du calme avant toute chose ! Pas de TV, ni de couleurs très vives, ni de musique dynamisante, ni d'internet, ni de jeux vidéo, mais plutôt des couleurs pastel apaisantes pour le corps, des lumières tamisées agréables pour les yeux, une musique d'ambiance, une température qui ne dépasse pas les 20 degrés.

- Repérez l'arrivée du sommeil. Ne luttez pas contre les premiers signes de fatigue (alourdissement des paupières, bâillement, frottement des yeux, etc.) et allez aussitôt vous coucher.

Bien manger

- Mangez varié : protéines, vitamines, fibres, minéraux, fruits et légumes
- Modérez votre apport en gras et sucré
- Buvez au moins 8 verres d'eau par jour. Certains médicaments nécessitent de boire davantage. N'hésitez pas à vous abreuver d'eau et à en parler à votre médecin

- Modérez votre consommation d'alcool et de caféine voire les éviter complètement
- Évitez les régimes draconiens qui vous privent des éléments dont vous avez besoin pour bien fonctionner. Si vous voulez perdre du poids, privilégiez les petites portions et l'activité sportive régulière
- Attention aux variations d'appétit, qui peuvent présenter des symptômes annonciateurs d'épisode thymique. Parlez-en à votre médecin
- Ne sautez pas de repas, même si vous n'avez pas faim
- Si vous avez tendance à trop manger, partez à la recherche des situations qui vous poussent à le faire. Parlez–en à votre psy ou vos amis. Il existe d'autres façons de gérer ses émotions (autrement que par la nourriture)
- Ajouter à votre nourriture une certaine dose d'Oméga 3 (1500 à 2000 mg) avec des antioxydants (vitamines A, C et E).

Faire du sport

- Choisissez une activité que vous aimez. Si vous n'en avez pas, testez différentes activités qui vous tentent et que vous n'avez jamais osé faire
- Concentrez-vous sur le plaisir

5

Pour une vie relationnelle et affective plus équilibrée

La vie amoureuse des cyclothymiques est fidèle à leur tempérament, comme d'ailleurs dans tous les autres secteurs. Ce n'est presque jamais simple, encore moins routinier.

Aimer, c'est en quelque sorte s'exposer à ses fragilités. Les hauts et les bas des cyclothymiques ne facilitent pas non plus « l'amour ». De même, l'intensité affective et la sensibilité au rejet sont source de problèmes et de difficultés dans la vie amoureuse.

Un cyclothymique est capable de perdre l'intérêt pour une personne du jour au lendemain, d'une manière brutale. Encore une fois, nous savons qui se cache derrière ces changements radicaux : l'humeur, évidemment ! Ces variations d'humeur réactivent vos sensibilités et ouvrent la voie aux conflits et aux grandes souffrances.

Etat des lieux de votre vie relationnelle

Le questionnaire qui suit vous aide à évaluer votre qualité de vie relationnelle. Répondez en utilisant les scores comme suit :

1 : pas du tout ou jamais
2 : rarement
3 : parfois
4 : souvent ou la plupart du temps
5 : très souvent ou tout le temps

J' apprécie de parler ou d'être avec des amis ou de la famille	1	2	3	4	5
Je suis impatient(e) de me retrouver avec mes amis ou ma famille	1	2	3	4	5
Je fais des projets de sorties avec mes amis ou ma famille pour des activités futures	1	2	3	4	5
J' apprécie de parler avec des collègues ou des voisins	1	2	3	4	5
Je suis patient(e) avec les autres lorsqu'ils m'énervent par leurs paroles ou par leurs actes	1	2	3	4	5
Je suis intéressé(e) aux problèmes des autres	1	2	3	4	5
J'ai de l'affection pour une ou plusieurs personnes	1	2	3	4	5
J'ai de bonnes relations avec les autres	1	2	3	4	5
Je peux plaisanter ou rire avec les autres	1	2	3	4	5
Je suis capable d'aider mes amis ou ma famille quand ils ont besoin de moi	1	2	3	4	5
Je sens que mes relations avec mes amis ou ma famille sont sans problèmes ni conflits majeurs	1	2	3	4	5

(si vous avez 4 réponses cotées 1 ou 2, votre qualité de vie relationnelle est altérée)

Vous pensez peut-être que votre humeur ne concerne que vous et que c'est uniquement une « affaire privée » comme diraient quelques-uns. Détrompez-vous ! Elle influence en réalité vos relations : amis, collègues, partenaire, famille, enfants, voisins...

Comment améliorer votre vie relationnelle ?

Les montagnes russes émotionnelles ne facilitent pas, en général, la mise en application des conseils : faites de votre mieux pour communiquer vos émotions sans vous positionner en victime ni en bourreau ni en solitaire.

Vous n'êtes pas obligé de mettre en œuvre, en même temps, toutes les recommandations que nous vous suggérons. C'est impossible ! Prenez le temps, en fonction de votre météo, de choisir de travailler sur la partie qui correspond le plus au moment, en gardant à l'esprit, le principe des mini objectifs développé dans la partie 2 (« Stratégies pour faire face »).

Nos conseils

- Parlez de votre cyclothymie avec vos proches les plus compréhensifs (personnes choisies, après réflexion) expliquant, autant les aspects positifs que négatifs, sans nécessairement rentrer dans les détails les plus intimes
- Expliquez-leur l'impact de la cyclothymie dans votre vie
- Apprenez avec votre entourage proche à ne pas mélanger les problèmes de l'humeur avec les véritables problèmes de la vie quotidienne
- Communiquez votre humeur sous forme de « code » (ex : « Chérie, je suis en mode rouge, parlons de nos problèmes financiers à un autre moment »)
- N'utilisez pas vos sensibilités comme enjeu dans le couple, dans la famille et avec les amis (ex : « Ah non chéri, désolé mais je ne peux pas recevoir ta mère ce soir, n'oublie pas que je suis cyclo »)

- Soyez authentique dans votre expression émotionnelle : privilégiez le « je » au détriment du « tu »
- Remplacez l'attitude « j'embête le monde parce que je ne vais pas bien » par « je ne me sens pas bien, j'ai besoin de vous »
- Ne cherchez pas à manipuler ou à menacer vos proches par vos problèmes d'humeur
- Prenez le temps de bien connaître les personnes avant de leur accorder votre affection, vos sentiments et leur faire des confidences intimes
- N'investissez pas toute votre intensité dans une amitié ou dans un amour exclusif : apprenez à mettre vos œufs dans différents paniers
- Quand vous perdez quelqu'un de vue durant une longue période (par exemple lors d'une dépression), n'hésitez pas à le rappeler pour lui demander de ses nouvelles
- Faites en sorte que votre planning quotidien ne soit pas uniquement dépendant de l'autre
- Favorisez des relations diversifiées, choisies en fonction des qualités personnelles des uns et des autres
- Rappelez-vous qu'il n'y a pas de mal à admettre ses torts. Au contraire !
- Utilisez l'humour pour faire passer des messages importants
- Rappelez-vous que vous ne pouvez pas plaire à tout le monde et que ce n'est pas grave

Un cyclothymique présente une peur maladive d'être rejeté, de ne pas être aimé. Cette peur obsédante va induire des réactions exagérées destinées à le soulager de sa peur et à éviter que le rejet ne survienne. Cependant, ce sont ces comportements qui vont obstruer une vie amoureuse sereine et durable.

Cela peut se manifester par :

Le besoin excessif de l'autre qui va jusqu'à la dépendance affective

Vous vous trouvez embarqué soit avec un partenaire toxique soit dans une relation elle-même toxique. Vos relations amoureuses sont sous le signe de :
- « Pour prouver mon amour à mon partenaire, je suis prêt(e) à me sacrifier »
La sphère amoureuse a pris beaucoup de place dans votre vie, sacrifiant d'autres secteurs. Vous oubliez vos besoins.
- « Je n'existe pas sans mon amoureux(se) »
Vous vivez une relation fusionnelle avec votre partenaire. Toutes vos activités sont programmées à deux. La sphère privée n'existe plus.
- « Je le/la déteste mais je ne peux le/la quitter »
Vous restez dans une relation en dépit de la faiblesse voire l'absence des sentiments qu'il voue à votre égard.
- « J'aime la « mauvaise personne »
Vous tombez amoureux de personnes indisponibles ou nocives : mariée/ ne souhaitant pas s'engager/ n'appréciant pas les proximités affectives/ manipulatrices.
- « Cet homme/cette femme m'obsède »
Si vous êtes du genre à « aimer de trop », si vous êtes obnubilé par votre partenaire ou par la relation amoureuse, cela révèle un symptôme de dépendance amoureuse.

Le besoin d'attention même négative

Le besoin est tel que même l'attention la plus négative fait l'affaire. Vous pensez, à tort, que c'est une marque d'amour. « Il ne serait pas dans cet état, s'il ne m'aimait pas ». Voilà la traduction par excellence du raisonnement biaisé.

Le besoin de plaire qui va jusqu'à l'obsession de l'apparence et la dépendance vitale aux compliments

Peu importe qui, comment et pourquoi, « il faut que je plaise à tout prix » ! Trop d'enchantement, de gentillesse, de remerciements, de gratitude, de questions indirectes et subtiles que vous utilisez pour pousser l'autre à vous complimenter. Ce ne sont, encore une fois, que des stratagèmes destinés à vous rassurer. Plaire serait en quelque sorte l'équivalent d'être aimé.

La jalousie, sentiment naturel qui devient pathologique quand vos comportements sont destructeurs et menacent votre relation amoureuse. Vous échafaudez des scénarios dans lesquels l'autre est infidèle, etc. Vous le blâmez, vous le critiquez, vous le surveillez, etc. Si ce n'est pas le cas, de gros efforts sont mis en place pour ne pas le faire et vous lui demandez presque constamment des preuves de l'amour qu'il porte à votre égard.

En bref, les rejets répétés vont renforcer la croyance émotionnelle profondément ancrée « de ne pas être digne d'être aimé(e) » et ainsi alimenter et intensifier le besoin d'être aimé et son corollaire, la peur du rejet.

C'est ainsi que vous vous retrouvez coincé(e) dans la répétition de scénarios de vie qui vous aliènent et que vous finissez par mettre sur le compte du destin et du mauvais sort.

Pour une vie privée plus stable et durable

Voici quelques étapes pour rendre votre vie privée (ou amoureuse) plus stable et durable :

- Ayez de la clémence avec vous-même
- Surmontez le passé douloureux
- Repérez le « toxique » dans votre vie affective
- Démasquez les rôles que vous avez pu jouer dans vos différentes relations
- Changez en devenant une personne importante à vos yeux
- Aimez-vous

Voir ci-après les 6 étapes à suivre.

Etape n°1
Ayez de la clémence pour vous-même

L'inefficacité des reproches	
	Les reproches ne servent à rien d'autre qu'à vous punir doublement : vous déprimez et amenuisez votre « capital » courage dont vous avez besoin pour changer.
	Personne n'est parfait et tout un chacun est capable de faire des choses qu'un jour il regrette, qu'il trouve inacceptable ou qu'il juge tout simplement pas terrible
Conseils	✓ Ne laissez jamais personne vous limiter à vos erreurs ou à vos fragilités. Votre passé est une partie de ce que vous êtes. Il ne représente en aucun cas tout ce que vous êtes. Les autres ont un pouvoir sur vous uniquement si vous acceptez de le leur laisser ✓ Optez pour un œil clément et sage qui vous permettra de tirer les leçons au lieu de vous condamner à répéter inlassablement des schémas douloureux et à vous plonger dans des gouffres émotionnels dont il est difficile de sortir.

Le courage de regarder dans son passé	
	Prendre conscience des actions et des comportements destructeurs passés envers les autres et envers soi-même n'est certes pas facile
	On préfère parfois jeter aux oubliettes des faits déplaisants, sources de souffrance, révélateurs de « désordre » et de trouble relationnel que de se forcer à les regarder en face.
Conseils	✓ Affrontez le passé pour vous en libérer

Etape n°2
Surmontez le passé douloureux

S'affranchir des démons du passé	
	Il arrive que l'on choisisse (sans trop le réaliser) des relations qui nous font beaucoup plus de mal que de bien
	Tirer une leçon de vos souffrances pour éviter de se retrouver dans les mêmes situations
	Accepter d'avoir vécu tel type de situation (d'avoir souffert et d'avoir été dans une relation qui ne vous convient pas) sans pouvoir rien y changer est la clef de sortie.
Conseils	✓ Lister les personnes qui vous ont blessé profondément dans votre vie. Il ne s'agit ni de les accuser, ni de les blâmer mais plutôt de repérer clairement ce qui vous est arrivé. ✓ Repérer ce qui les caractérise fondamentalement, ce qu'elles ont fait et la manière dont vous l'avez vécu. ✓ Repérer les points communs entre ces personnes ✓ Identifier les émotions ou les sentiments que vous ressentez toujours pour elle aujourd'hui. ✓ Accepter de « lâcher le morceau ». Vous n'allez pas attendre que Carl vous dise qu'il est désolé de ce qu'il vous a fait subir, pour le dépasser !

Etape n°3
Démasquez le ou les rôles que vous avez pu jouer dans les différents secteurs de votre vie affective (amoureuse, amicale et familiale)

<table>
<tr><td rowspan="4">Liste non exhaustive de quelques rôles (dont vous pouvez vous inspirer) : l'infirmier, le « j'assume toutes les responsabilités », le réparateur, le sauveur, le pompier, le bouc émissaire, la victime, le mauvais rôle etc.</td><td></td></tr>
<tr><td>Votre manière d'entrer en relation avec les autres est apprise, mais elle repose également sur votre tempérament</td></tr>
<tr><td>Il est important de comprendre quel type de personnes vous attire et les raisons qui sous-tendent à cette attirance, pour prendre conscience de l'incompatibilité avec certains types de relations</td></tr>
<tr><td>Identifier son rôle permettra dans un deuxième temps de vous en libérer</td></tr>
<tr><td>Conseils</td><td>✓ Analyser les différentes relations amoureuses et amicales que vous avez expérimentées tout le long de votre vie
✓ Chercher le modèle de relation qui se répète

Exemple : J'ai toujours été attiré par des « loosers » et j'ai passé toute la relation à les aider à trouver un sens à leur vie au travail, j'ai toujours cherché à me faire aimer

✓ Pensez aux différents types de personnes qui vous attirent. Imaginez-vous comme quelqu'un qui n'a pas de crainte (ni du rejet ni de la solitude) dans les relations interpersonnelles et essayez de répondre le plus honnêtement possible à la question ci-dessous : Auriez-vous quand même été en relation avec ces personnes ?
✓ Pensez aux différents conflits que vous avez pu avoir. Ne sont-ils pas motivés par des raisons récurrentes ? Est-ce que le jeu en vaut la chandelle ?</td></tr>
</table>

Etape n°4
Repérez le "toxique" dans votre vie affective

Soyez vigilant avant de choisir, de vous engager, d'investir trop dans la relation et apprenez à repérer les amours à problème...

Caractéristiques du partenaire potentiellement toxique pour vous

- Émotionnellement indisponible
- Phobique de l'engagement
- Marié(e)
- Irresponsable/égoïste/immature
- Abusif(ve)
- Présentant des addictions (en dehors de la relation amoureuse)
- Séducteur(rice) en série
- Partenaire « à distance » (ou relation platonique) : la relation serait plus de l'ordre du fantasme que de la réalité

Caractéristiques du surinvestissement amoureux

- Beaucoup de rêves et de fantasmes sur l'amour et les rituels amoureux
- Présence de croyances telles que « seul l'amour peut vous rendre heureux »
- Début de préoccupation compulsive sur l'être aimé
- Une histoire passionnée est souvent initiée (parfois plusieurs le sont en même temps)

- Quand la phase d'idéalisation tombe, vous vous ennuyez et vous partez vers un autre partenaire
- Vous commencez à ressentir un vide dans votre vie
- La préoccupation par l'être aimé devient une fixation
- Votre état émotionnel et physique commence à se détériorer : la dépression pointe son nez
- Éventuelles apparitions d'autres types de dépendances qui accentue la dépression
- Conséquences sérieuses sur l'ensemble de votre vie

Les différentes étapes de l'obsession amoureuse

- Vous expérimentez une profonde attraction envers quelqu'un
- Un processus d'idéalisation d'une personne que vous ne connaissez pas très bien, se met en route
- Apparition du sentiment amoureux et déclenchement de l'addiction
- Projection sur l'« être aimé » de tous vos rêves (de bonheur et d'amour éternel) à travers le renforcement de l'affect amoureux
- Vous caressez l'illusion qu'il n'y a que cette personne qui peut vous rendre heureux et satisfaire ainsi votre besoin d'aimer et d'être aimé
- La dépendance s'installe plus en profondeur et la notion de choix semble s'évanouir
- Une préoccupation excessive porte sur l'être aimé
- Vous mettez en place des comportements spécifiques compulsifs comme le besoin de contrôle, la vérification...
- Si une vraie relation a démarré, elle commence à se détériorer sous la pression de l'obsession amoureuse
- Votre état de santé mental et physique commence à se détériorer
- La relation s'arrête et une autre, du même registre, peut démarrer

Etape n°5
Changez en devenant une personne importante à vos yeux

Comme vous avez passé beaucoup de temps à vous occuper de l'autre, de l'affection qu'il vous porte, de la peur qu'il vous quitte ou qu'il/elle ne soit plus votre ami(e), vous vous êtes perdu de vue. Quand on investit toute son énergie et tout son temps à s'occuper du jardin de l'autre (ses besoins, ses émotions et sentiments, son bonheur) par peur, on ne cultive pas la relation la plus importante qui soit, celle que l'on a avec soi-même. Or, qui de plus important que vous ?

Conseils

1. Listez au moins 3 de vos talents. Vous devez nécessairement en trouver, parce que tout le monde est doué pour quelque chose. A vous de découvrir les vôtres. Pour vous aider, vous pouvez commencer par vous demander :

- Qu'est-ce qui me branche le plus ?
- En quoi suis-je bon ?
- Vers quoi ai-je un penchant naturel ?

2. Passez au moins une soirée par semaine à vous chouchouter, vous et rien que vous. Cela peut comprendre : écouter votre musique préférée, regarder un genre de films que vous aimez bien et non celui uniquement qui vous rend plus intéressant aux yeux de Paul.

3. À la fin de la soirée, notez toutes les émotions que vous avez pu ressentir :

- Qu'est-ce que cette soirée vous a apporté en termes personnels ?
- Concentrez-vous sur le plaisir solitaire : qu'est-ce que cela vous a apporté ?
- En comparaison à une activité en couple, avez-vous noté une joie différente à effectuer cette activité en solo ?

Etape n°6
Aimez-vous

Comment aimer l'autre, si l'on ne s'aime pas soi-même ? Si vous ne vous aimez pas, l'amour de l'autre apparaît comme peu crédible. Il est donc important d'apprendre à s'aimer avant d'aimer et d'être aimé.

S'aimer exclut donc de :

- Miser toute sa vie et mettre tous ses espoirs et ses rêves en une personne.
- Passer des nuits d'insomnie où vous êtes obsédé par ses éventuels faits et ses gestes, les attentes d'appels, d'emails ou de sms, etc.
- Croire que le partenaire va changer de comportements.
- Noyer son chagrin dans la drogue, l'alcool, la boulimie ou les achats compulsifs.

S'aimer, c'est :

- Réduire les comportements excessifs et source d'une terrible souffrance.
- Arrêter tous les comportements nocifs pour soi en demandant de l'aide et en s'engageant dans un processus thérapeutique.
- Prendre soin de soi : de son soi émotionnel, physique et mental pour être capable de faire la différence entre une relation saine et une relation destructive.
- Devenir sa propre priorité.
- Apprendre à se faire du bien.

Quelques conseils pour s'aimer

• Le bénévolat
• Faire des choses qui sont fidèles à ce que vous êtes
• Entamer des activités valorisantes à vos yeux
• Exprimer ses opinions, dans le respect de l'autre, sans craindre les réactions de l'autre
• Choisir d'être avec les individus qui vous valorisent
• Accepter de se tromper (reconnaître votre propre droit à l'erreur), de rire et d'apprendre de ses erreurs
• Adopter des comportements qui ne vous nuisent pas
• Apprendre à focaliser sur le positif de ce que vous êtes, et le développer
• Accepter d'être imparfait mais perfectible
• Admettre que la vie amoureuse est composée de hauts et de bas : on aime, on se sépare, on se remet avec quelqu'un d'autre et ainsi de suite
• Prendre conscience qu'une séparation est la fin d'une histoire et non la fin de notre être et quand quelque chose se termine, une autre chose doit commencer ; c'est le cycle naturel de la vie
• Parler de ses problèmes d'addiction amoureuse à des spécialistes

Beaucoup de cyclothymiques font le choix, bon ou mauvais, de la complémentarité. C'est-à-dire qu'ils vont chercher la constance, la fiabilité, la routine ou au contraire l'hyperactivité ou l'assurance en soi chez l'autre. Le ou la partenaire devient en quelque sorte le stabilisateur de l'humeur ou l'anti-dépresseur permanent. Attention à cette approche qui peut mener le cyclothymique à un isolement intellectuel ou spirituel important. Vivre sa vie avec une personne différente peut être enrichissante mais aussi générer de sérieux problèmes de communication.

Rappelez-vous que vous êtes de tempérament complexe (instable, déprimé, exalté, passionné, irritable et anxieux). Vous êtes donc dur à comprendre et à suivre. Assurez-vous dès le départ que votre partenaire pourra vous comprendre, vous accepter et vous mettre des limites, sans vous infantiliser, tout en respectant votre spécificité. Le mariage du cyclothymique sera forcément différent, plus créatif avec des solutions parfois hétérodoxes (chacun garde son domicile, période de brèves séparations convenues d'avance, etc.).

6

Vivre avec sa cyclothymie

Une vie quasi parfaite, mais…
Des diplômes, une carrière, une vie sociale, des amis... des voyages, des sorties... un superbe entourage, des collègues fantastiques... mais alors pourquoi ce mal-être ?
Pendant mon enfance, mon adolescence, un mal-être justifié par des drames, des événements traumatisants. Mais aujourd'hui que tout va bien, pourquoi ? Je ne comprends pas toute cette anxiété. Cette boule au ventre, ce sentiment de suffocation, cette tête prête à exploser par moment.
Je me réveille angoissée, passe la journée excitée au point de rire aux éclats, et me couche avec l'envie d'en finir avec cette vie qui me rend dingue.

Heureuse, triste, excitée, angoissée, parfois tout ça en même temps, ou fluctuant d'un sentiment à l'autre, d'une minute à l'autre, d'une heure à l'autre, d'une journée sur l'autre. Un vrai yo-yo de l'humeur... le tout au gré des rencontres, des discussions, des disputes, des remarques, des événements importants ou anodins... aucune logique... l'humeur change constamment. Je suis fatiguée. Trop sensible. Je ne sais plus quoi faire. Je n'ai pas assez d'énergie. Je n'ai pas de solution. J'ai tout essayé. En tout cas, c'est ce que je crois.

En réalité, je n'ai rien fait pour maîtriser mon humeur, pour contenir mes angoisses, ou m'en défaire. Au contraire. Mais alors comment ai-je fait pour vivre si longtemps avec ce mal-être ?
Probablement grâce à mes rêves...
Je me crée mon monde. Je me l'imagine. Mes rêves m'ont permis de fixer des objectifs. Des objectifs parfois irréalistes... et pourtant...
Tous ces rêves m'ont permis de garder espoir et de m'évader durant les phases hautes de mon humeur. Phase où mon énergie me permet d'entreprendre. Je veux épater les gens pour qu'ils soient fiers, pour qu'ils m'admirent, ou juste pour qu'ils m'envient.
Dans les phases basses, je n'ai pas la force de rêver. Je m'égare dans un tourbillon d'idées noires. La simple idée qu'on me quitte m'entraîne jusqu'au fond. J'ai mal. Je souffre. La peur du rejet provoque un sentiment d'angoisse terriblement douloureux. Mais comment font les autres ? Pourquoi eux ont de la chance ? Pourquoi n'ai-je pas le droit au bonheur ? Il y a forcément une explication...
...La cyclothymie.
Désormais, je connais mon trouble. Je vais pouvoir agir... arrêter de m'apitoyer sur mon sort et agir. Aussitôt on débute un traitement, on effectue une thérapie, on me suit, on me guide... le but ?
Me permettre de maîtriser, de dompter mes angoisses. Et ça marche ! Incroyable !

Quand auparavant tout était tout blanc ou tout noir, aujourd'hui il y a un peu de gris.
Quand auparavant je m'effondrais à chaque rupture au point de vouloir en mourir, aujourd'hui je relativise.
Quand auparavant je suffoquais à l'idée d'être jugée, rejetée, aujourd'hui je ne me pose plus de questions.

Quand auparavant je m'attendais au pire, aujourd'hui j'ose et profite du meilleur.
Quand auparavant je me laissais entraîner par mes idées noires, aujourd'hui je leur fais face.
Quand auparavant je patientais des heures devant mon portable, aujourd'hui je vis sans.
Quand auparavant j'exigeais et ne voyais que les points négatifs chez les autres, aujourd'hui je prends le meilleur de ce qu'ils ont.
Quand auparavant je me dévalorisais, aujourd'hui je savoure pleinement mes réussites.
Quand auparavant je laissais les gens me dévaloriser, aujourd'hui je m'affirme et leur ris au nez.
La même vie, mais avec plus de saveurs et de couleurs... je vois la vie différemment... je la vois sereinement...

Il est évident que ce qui aide pour soigner la cyclothymie est d'obtenir le diagnostic, apprendre ce que sont les manifestations persistantes et épisodiques, accepter le diagnostic ainsi que les traitements appropriés, appliquer les conseils pour gérer les épisodes aigus et réduire autant que possible les conséquences péjoratives de la cyclothymie sur la vie relationnelle, affective et professionnelle.
C'est un travail destiné à être appliqué au long cours, car un cyclothymique restera toute sa vie cyclothymique – il gardera sa propre nature.

Une fois que le traitement chimique est fixé et stable (traitement de fond) et vos capacités de gérer les phases difficiles sont optimales, vous allez passer dans la phase la plus délicate, celle d'apprendre de vivre avec la cyclothymie.
Ce qui peut faciliter cette tâche de longue haleine est d'accepter cette nature, d'adopter les attitudes qui la rendent la plus souple – sans les

excès habituels – juste les doses d'action et d'émotion qu'il faut, – un lâcher-prise mais jamais un laisser-aller (importance des routines positives, des rythmes, de la persévérance).
Votre tempérament est votre instrument – apprenez à le connaître et l'apprécier.

La vie ne sera jamais parfaite aux yeux d'un cyclothymique, mais les progrès possibles et la manière de vivre avec les pièges de la cyclothymie sont les garants du bonheur et de la satisfaction.
Vous avez entendu (et allez entendre souvent) ce conseil « savoir aimer commence par être en contact avec soi-même ». Ainsi, toute ignorance du cyclothymique de la nature de son propre tempérament, signifie une difficulté d'être avec les autres, de s'aimer et d'aimer.
Réussir à tout prix à dompter la cyclothymie n'est pas un but en soi – c'est la manière de lutter et de faire avec qui comptent en réalité. Ainsi, il n'y a pas de but précis et rigide à atteindre mais une succession de petites victoires qui vous poussent, de jour en jour, à être meilleur et à améliorer votre style émotionnel, cognitif et comportemental.

Epilogue

(R. Blain)

La cyclothymie peut-elle être (ou devenir) belle ?

Un de mes films préférés s'appelle « La Vita è Bella » où l'on voit un père qui se sent obligé de mentir à son fils car ils sont internés dans un camp d'extermination nazi. Je me propose de faire comme Benigni dans le film, vous faire rire en vous disant que la vie vaut la peine d'être vécue malgré tout... Les experts ont appelé la cyclothymie un « tempérament » et en même temps un trouble bipolaire (BP-II ½) quand des dépressions majeures sont associées à la cyclothymie. On ne peut que reconnaître, si l'on est réellement sincère, que cette constitution complexe nous donne aussi des moments uniques de bonheur et de plénitude.

Quand vous sortez et que vous regardez le ciel, vous constatez qu'il peut être ensoleillé, brumeux, il peut pleuvoir, neiger, etc. On peut pester contre la météo, mais on ne peut rien y faire et chaque saison a ses avantages et inconvénients. C'est la fameuse chanson de Brassens, « l'Orage » où l'amoureux prie pour que « le vrai de

tonnerre de Brest survienne ». La cyclothymie c'est l'orage. Cette dépression météorologique qui parfois nous effraie et nous conduit dans la maison du voisin. Celle du thérapeute, du médecin quand le tonnerre est trop fort mais aussi chez le voisin ou la voisine pour se calmer, par crainte, pour trouver de la chaleur humaine car on a besoin d'être aimé et d'aimer.
Nous (les cyclos) sommes sensibles, vulnérables et surtout inconstants comme le dit Aristote à cause de la bile noire, ni plus ni moins que le ciel du matin, de midi et du soir. Parfois, il y a bon mélange de l'inconstance (mélange de bile noire et de sang rouge) et l'on peut sortir sans parapluie, ni anorak car malgré le climat peu clément, on peut marcher normalement.

J'écris ces phrases pleines de tendresse pour la cyclothymie bien que pendant longtemps je l'ai détestée. J'ai eu peur de la cyclothymie, de la bipolarité car ma mère avait été clairement identifiée comme "malade", "folle","instable", "pas fiable". J'avais 14 ans et je n'avais pas compris ce que signifiait un épisode maniaque. Et puis, l'hôpital où ma mère avait été internée pour une "bouffée délirante"; terme étrange qu'on lui avait apposé.
Mon séjour à New York m'a permis d'accepter la bipolarité et presque de l'aimer. Je dis presque car je ne tombe pas dans la "romanisation" de la maladie. Des livres excellents et positifs de Kay Jamison, Julian Lieb, Charles Barber, Emily Martin[1]... Les Américains ont cette créativité et cette force de trouver de l'espoir, de l'optimisme dans toutes les situations et conditions.
Le livre de Kay Jamison sur le lien entre bipolarité et créativité, « Touched with fire » a été le point de départ de mon acceptation de ce tempérament touché par le feu. Ce regard de compassion et parfois positif sur la maladie me paraissait d'autant plus facile que toute ma famille -à part moi- avait ou évoluait dans ce monde artis-

tico-« bipolaire ». On pouvait bien émettre des réserves, critiquer les aspects les plus négatifs mais il me semblait injuste voire inhumain de rejeter mon univers, mon éducation et mes parents...
Aborder la question de la cyclothymie, c'est avant tout celle d'être différent, son impact permanent sur les relations avec les autres, et surtout l'acceptation ou non de cette différence. Quand nous parlons de la cyclothymie, n'oublions jamais son histoire et sa stigmatisation.

Kay Jamison qui cumule les avantages d'être experte en bipolarité et "malade", a mené la réflexion la plus profonde sur la nature du tempérament en évoquant les pistes de réflexion suivante : **Il faut d'abord aimer la bête avant de la dompter**.
Aimer la bête signifie la considérer comme une partie de soi-même, un tempérament à comprendre. Si on la comprend, on lui donne du sens et si on lui donne du sens on commence à l'aimer. Si une relation sentimentale est toxique c'est que ma sensibilité ne l'accepte pas et le stress et la souffrance que je ressens viennent de l'extérieur. De même pour un emploi inadapté, si je souffre trop et que ma cyclothymie s'emballe, c'est que je dois réfléchir au choix professionnel que j'ai fait.

Beaucoup de gens célèbres ont nommé leur bipolarité ou cyclothymie avec humour ou originalité : le « black dog » de Churchill, la « maniaco-dépression de 18 carats » de Sinatra. Teddy Roosevelt, toujours dans l'hyperactivité et l'exubérance, imaginait que la dépression ne « restait pas assise derrière un cavalier qui galopait rapidement ». Frank Sinatra déclara un jour qu'il avait une extrême capacité à être triste et à ressentir les choses. Il avait bien compris quelle était sa nature. La capacité à être triste signifiait pour lui la capacité aussi à vivre avec et à l'utiliser pour composer ses chansons et les interpréter avec talent. A l'époque, il n'y avait pas d'antidépresseurs efficaces

comme ceux d'aujourd'hui. Il fallait pouvoir se distraire de sa mélancolie. Il y avait bien sûr l'alcool, le sexe, les drogues, la religion, l'hyperactivité productive ou stérile, la créativité artistique, etc.
Une fois que les fondations sont creusées, la cyclothymie peut devenir belle car « on ressent les choses », on comprend le sens des notions de passion, d'intensité ; de chaleur. N'est-ce pas un privilège d'être ou de ressentir ce qui est rare ?

Avant d'aborder l'aspect fondamental de la « bonne cyclothymie », celle qui produit de bonnes actions, de bons résultats, j'aimerais faire un petit jeu « j'aime / j'aime pas » dans la cyclothymie.

Ce que j'aime dans ma cyclothymie	Ce que je n'aime pas dans ma cyclothymie
Les Hauts hypomaniaques (exaltation, grandeur, hyperactivité…)	**Les Bas dépressifs** (ralentissement, tristesse, sous-estime, idées de morts), souffrance récurrente
Dimension « soleil » de mes hypomanies (euphorie, contacts faciles, pas de fatigue, pensée rapide…)	**Dimension « sombre »** de mes hypomanies (hyperactif mais mauvaise humeur, colère irritable, alcool, nicotine, sexe…)
Nature intense, sensible (beauté, art, monde) richesse émotionnelle, capacité à faire plusieurs choses à la fois, empathique, sens de l'observation, résilience	**Nature instable**, impulsive, victime de l'hypersensibilité au rejet, échec récurrent (trop d'ambition et peu de réalisation), peu de confiance en moi
Avantages : originalité, indépendance, audace pour prendre des risques, énergie excessive, curiosité, sens de l'humour, attirance par la complexité, sens artistique développé, ouverture aux autres, esprit propice aux nouvelles idées, intelligence intuitive marquée	**Inconvénients** : non respect des lois et des conventions, dépassement des limites, défiance de l'autorité, caprices excessifs, désorganisation, procrastination, cynisme, querelles, sarcasmes, négligence des détails, hyperémotivité, hyperactivité (dangereuse ou stérile)
Conséquences positives : succès, richesse, bonheur, créativité exacerbée, célébrité, leader…	**Conséquences négatives** : échec, ruine, misère, scandales, hospitalisations, suicide, addictions…
Attributs agréables : génial, brillant, talentueux, généreux, attachant, affectif, angélique, drôle, sympathique	**Attributs péjoratifs** : médiocre, raté, étourdi, « tête en l'air », égoïste, narcissique, manipulateur, horrible, diabolique, odieux, ombrageux, mélancolique

J'aime la désigner « cyclothymie bienveillante », celle qui se soucie de l'autre parce que libérée du poids du soi-même. Les « patients » cyclothymiques ne sont peut-être pas tous créatifs, productifs, géniaux mais ils ont tous une sensibilité très développée, une intuition, un regard plein de compassion sur le monde. Pourquoi ne pas en être fier ? Essayons de faire un bilan humain de la cyclothymie. N'y a-t-il pas des points positifs ?

« Si nous souhaitons une vie riche, avec du sens, qui ne soit pas superficielle, il faut nous rattacher à notre mémoire. Pas tous nos souvenirs, mais tout ce qui a du sens »[2]. Nous devons être capable de faire le tri en oubliant les mauvais souvenirs, limitant notre exposition au mal, au mensonge, à l'inhumanité. Tout cela à cause de l'hypersensibilité cyclothymique.

Il faut aussi savoir lâcher prise, avouer sa fragilité, plier comme le roseau plutôt que d'être déraciné comme le chêne lors de l'orage. Ne pas hésiter « à mendier l'amour ».

Imaginons un monde où nous serions indépendants affectivement !

Quand on parle de cyclothymie, on parle de maladie, de symptômes, de traitements, mais il convient de ne pas se limiter à une vision médicale. On doit aussi décrire sa propre vision personnelle, créer et décrire son monde du rêve diurne, de sa mélancolie, de ses expériences propres, de ses rapports avec les autres, avec la société... tout un ensemble d'éléments qui ne peuvent être décrits dans les manuels cliniques, ni validés dans les essais thérapeutiques.

L'attitude du déni est dangereuse et improductive alors qu'un regard juste, positif et chaleureux sur un tempérament pas comme les autres, revêt du sens. On voit la souffrance comme le protagoniste de la « Vie est Belle » ce qui ne nous empêche pas de la tourner en dérision, de la contourner et parfois de la comprendre. Et que malgré tout, la vie est belle car nous, les cyclothymiques, n'avons pas le choix.

Le bonheur du cyclothymique revient à vivre sa vie tout en étant conscient de sa nature, car la conscience nous permet de maîtriser davantage son existence. Comme le dit Camus, un cyclothymique a le droit d'être un Sisyphe heureux !

---

1. *« Touched with Fire » de Kay Redfield Jamison Free Press, 1996 ; « Manic depression and creativity » de D.Jablow Hershman et Julian Lieb , Prometheus Books, 199 ; « Bipolar expeditions » de Emily Martin, Princeton University Press, 2009*
2. *Aharon Appelfeld – article dans le Monde*

5

Annexes

Annexes

1. Questionnaire des épisodes d'hypomanie
1 bis. CLH 32 - Check-list hypomanie
2. Questionnaire du tempérament cyclothymique
3. Questionnaire du tempérament dépressif
4. Questionnaire du tempérament hyperthymique
5. Critères de choix des thymorégulateurs
6. Stratégies de faire face
7. Evaluation au quotidien

✞ Franco Benazzi, grand expert du trouble BP-II, nous a quitté à l'âge de 51 ans, en laissant environ 300 articles scientifiques sur le trouble.

Annexe n°1
Questionnaire des épisodes d'hypomanie
(adapté par Angst, Hantouche, Benazzi✝)

A- Avez-vous présenté dans le passé des épisodes (période particulière différente de votre état habituel) avec

- ☐ Humeur élevée : euphorie, enthousiasme, exaltation
- ☐ Humeur irritable
- ☐ Hyperactivité (trop de projets et d'actions)

B- Durée de l'épisode

☐ 1 jour entier ☐ 2-3 jours ☐ 4-6 jours ☐ 7 jours ou plus ☐ 1 mois ou plus

C- Symptômes au cours de l'épisode (au moins 3)

- ☐ Augmentation de l'estime de soi
- ☐ Réduction du besoin de sommeil (sans se sentir fatigué)
- ☐ Plus grande communicabilité ou désir de parler constamment
- ☐ Pensée accélérée et/ou abondante
- ☐ Distractabilité (attention facilement attirée par des stimulus sans importance)
- ☐ Augmentation des activités orientées vers un but (social, professionnel, sexuel)
- ☐ Agitation psychomotrice
- ☐ Engagement excessif dans des activités agréables mais à potentiel de conséquences dommageables (achats inconsidérés, conduites sexuelles inconséquentes, investissements déraisonnables dans les affaires…)

D- Conséquences (au moins une)

- ☐ Modifications indiscutables du fonctionnement qui diffère de votre état hors cet épisode
- ☐ Episode constaté par les autres (membres de la famille, votre conjoint) qui ont fait la remarque que votre comportement était inhabituel
- ☐ Hospitalisation psychiatrique
- ☐ Traitement psychotrope en ambulatoire (antipsychotiques, régulateurs de l'humeur)

E- Préciser si l'épisode

- ☐ survient au cours d'un traitement antidépresseur
- ☐ est induit par l'usage d'autres substances (stimulants, alcool, autres)
- ☐ Autre cause possible : ……………………… (corticothérapie, tumeur, trauma…)

ps : il est important de savoir que cyclothymie et hypomanie sont souvent associées (dans plus de 80% des cas) ; cependant, il y a des cas de cyclothymie à dominante dépressive sans présence d'épisodes nets d'hypomanie.

Annexe n°1 bis
CLH-32 Check-list Hypomanie
(32 items)
(Angst 2005 - version française Hantouche 2007)

Dans certains moments de leur vie, chacun manifeste des changements ou des oscillations du niveau d'énergie, d'activité et humeur ("hauts et bas"). L'objectif de ce questionnaire est d'évaluer les caractéristiques des périodes de "hauts".

Veuillez vous rappeler une période durant laquelle vous étiez dans un état de "haut" et pas juste en période de non dépression. Comment vous-vous sentez alors ? Veuillez répondre à l'ensemble des items listés en pensant aux états antérieurs de "haut" et de manière indépendante de votre état actuel.

		Oui	Non
1.	J'ai besoin de moins d'heures de sommeil	☐	☐
2.	Je me sens plus énergique et plus actif	☐	☐
3.	J'ai davantage confiance en moi-même	☐	☐
4.	J'ai davantage de plaisir à faire mon travail	☐	☐
5.	Je suis plus sociable (plus d'appels téléphoniques, plus de sorties)	☐	☐
6.	Je veux voyager et faire davantage de voyages	☐	☐
7.	J'ai tendance à conduire plus vite ou prendre des risques au volant	☐	☐
8.	Je dépense davantage (ou trop) d'argent	☐	☐
9.	Je prends plus de risques dans ma vie de tous les jours (travail, autres activités)	☐	☐
10.	Je suis physiquement plus actif (sport, etc.)	☐	☐
11.	Je planifie davantage de projets ou d'activités	☐	☐
12.	J'ai davantage d'idées créatives	☐	☐
13.	Je suis moins timide ou inhibé	☐	☐
14.	Je porte des vêtements (maquillage) plus colorés et extravagants	☐	☐
15.	Je veux rencontrer (ou j'ai déjà rencontré) plus de gens	☐	☐
16.	J'ai plus d'intérêt et/ou de désir sexuel	☐	☐
17.	Je flirte plus que d'habitude et/ou suis sexuellement plus actif	☐	☐
18.	Je suis plus bavard	☐	☐
19.	Je pense plus vite	☐	☐
20.	Je fais plus de farces ou plaisanteries	☐	☐

21.	Je suis plus facilement distrait	☐	☐
22.	Je m'engage beaucoup dans de nouvelles choses	☐	☐
23.	Mes pensées sautent d'un sujet à un autre	☐	☐
24.	Je pense de manière plus rapide et/ou facile	☐	☐
25.	Je suis plus impatient et/ou plus facilement irritable	☐	☐
26.	Je peux être épuisant ou irritant pour les autres	☐	☐
27.	Je me querelle plus que d'habitude	☐	☐
28.	Mon humeur est euphorique, exagérément optimiste	☐	☐
29.	Je consomme plus de café	☐	☐
30.	Je fume plus de cigarettes	☐	☐
31.	Je consomme plus d'alcool	☐	☐
32.	Je prends plus de médicaments (sédatifs, anxiolytiques, stimulants...)	☐	☐
	SCORE TOTAL DE « OUI »		

Un score total de « Oui » égal ou supérieur à 14 est suggestif de la présence d'Hypomanie.

CLH-32 – check-list d'hypomanie (suite)

Q1) Comment vous sentez-vous aujourd'hui par rapport à votre état habituel :
(Cochez une des cases suivantes)

Nettement pire que d'habitude	Moins bien que d'habitude	Légèrement moins bien que d'habitude	Ni mieux, ni moins bien que d'habitude	Un peu mieux que d'habitude	Mieux que d'habitude	Nettement mieux que d'habitude
☐	☐	☐	☐	☐	☐	☐

Q2) Comment êtes-vous d'habitude par rapport aux autres ?
Indépendamment de votre état actuel, veuillez nous dire comment est votre état habituel par comparaison aux autres, en indiquant un des énoncés qui vous décrit au mieux.
Comparé aux autres, mon niveau d'activité, énergie et humeur…
(Cochez une des cases suivantes)

… est souvent plutôt stable et égal	… est en général plus élevé	… est en général plus bas	… présente de manière répétée des hauts et des bas
☐	☐	☐	☐

Q3) Impact de vos "hauts" sur les différents domaines de votre vie :

	Positive et négative	Positive	Négative	Pas d'impact
Vie de famille	☐	☐	☐	☐
Vie sociale	☐	☐	☐	☐
Travail	☐	☐	☐	☐
Loisirs	☐	☐	☐	☐

Q4) De quelle manière, les personnes proches de vous ont-elles réagi ou commenté au sujet de vos "hauts" ? (Cochez une des cases suivantes)

Positive (encourageante ou supportrice)	Neutre	Négative (soucieuse, ennuyée, irritée, critique)	Positive et négative	Pas de réactions
☐	☐	☐	☐	☐

Q5) Durée habituelle de vos “hauts” (en moyenne) :
(Cochez une des cases suivantes)

☐ 1 jour	☐ Plus d’une semaine
☐ 2-3 jours	☐ Plus d’un mois
☐ 4-7 jours	☐ Ne peut pas estimer / ne sais pas

Q6) Avez-vous manifesté de telles périodes de “hauts” au cours des 12 derniers mois ?

Oui ☐ Non ☐

Si oui,

Veuillez estimer combien de jours vous passez dans les “hauts” au cours des 12 derniers mois :
En comptabilisant toutes les périodes : environ ☐☐☐ jours

Annexe n°2
Questionnaire du tempérament cyclothymique
(adapté par Hantouche et Akiskal)

Veuillez répondre en cochant les cases "Oui" ou "Non" en pensant à ce qui caractérise votre état émotionnel habituel et non actuel et en dehors des épisodes dépressifs et hypomaniaques

	OUI	NON
1) Je me sens souvent fatigué sans raison		
2) J'ai des changements brutaux d'humeur et d'énergie		
3) Mes sentiments ou mon énergie sont "trop haut" ou "trop bas", rarement "entre les deux"		
4) Mes capacités de pensée varient beaucoup (p. ex. entre avoir l'esprit vif ou confus)		
5) Je prends grand plaisir à d'autres personnes puis m'en désintéresse totalement		
6) J'ai tendance à exploser puis je m'en veux		
7) J'ai l'habitude de commencer des choses puis de m'en désintéresser complètement		
8) Mon humeur change souvent sans raison		
9) Parfois je me sens bouillonnant d'énergie et à d'autres moments très paresseux		
10) Des fois je rentre dormir abattu (e) et me réveille de bonne humeur		
11) Des fois je peux être d'excellente humeur avant de m'endormir et me réveiller avec la sensation que la vie ne vaut pas la peine d'être vécue		
12) On m'a fait remarquer que j'ai des périodes de pessimisme au cours desquelles j'oublie mes moments d'optimisme et d'enthousiasme		
13) Ma confiance en moi-même varie d'un extrême à l'autre		
14) D'un jour à l'autre, je peux être sociable, "boute en train" ou isolé, seul dans mon coin		
15) Je ressens toutes les émotions de façon particulièrement intense		
16) Mon besoin de sommeil est très variable, de quelques heures à plus de 9 heures par nuit		
17) Je peux ressentir les choses de façon très vive ou au contraire très terne		
18) Je peux être triste et gai en même temps		
19) J'ai souvent tendance à "rêver" dans la journée à des choses que les gens considèrent irréalistes		
20) J'ai parfois très envie d'avoir des comportements risqués ou scandaleux		
21) Je suis tombé fréquemment amoureux dans ma vie		
Total des Oui :		
Si le score global (en additionnant tous les « oui ») est égal ou supérieur à 10, on peut évoquer la présence d'une cyclothymie. Si en plus, vous avez des problèmes graves dans votre fonctionnement familial, social et/ou professionnel, le diagnostic de trouble cyclothymique est suggéré.		

Annexe n°3
Questionnaire tempérament dépressif
(source : Hantouche et al., 2001)

Pour voir si vous êtes d'un tempérament dépressif, veuillez répondre en cochant les cases "Oui" ou "Non" en pensant à ce qui caractérise au mieux votre état habituel (et non actuel)

Tempérament Dépressif	**OUI**	**NON**
1. Je suis habituellement d'humeur triste ou mélancolique	❑	❑
2. Je me considère comme quelqu'un de sérieux. On me dit que je ne vois pas le côté plaisant des choses	❑	❑
3. La vie est pour moi une corvée n'apportant que peu ou pas du tout de joie	❑	❑
4. Je pense que les choses tournent toujours vers le pire	❑	❑
5. Je suis le genre de personne qui s'attend toujours au pire et qui se décourage facilement	❑	❑
6. Je suis souvent gêné par des sentiments d'inaptitude et d'échec	❑	❑
7. J'ai tendance à me rabaisser. Je me sens coupable et je me reproche des fautes mineures	❑	❑
8. Mon rythme est lent, à tel point que je manque d'initiative et/ou d'énergie pour entreprendre des choses	❑	❑
9. Je suis le genre de personne qui se sent le mieux quand elle poursuit avec régularité et persévérance les mêmes activités quotidiennes	❑	❑
10. Je parle peu et préfère dans les discussions écouter les autres	❑	❑
11. Je répugne à exprimer mes sentiments ou mes opinions. Je m'en remets aux autres en les laissant décider pour moi	❑	❑
12. Je me sens mal à l'aise lorsque je rencontre de nouveaux visages. Je me sens mieux avec un petit nombre d'amis proches ou en famille	❑	❑
13. Je suis facilement blessé, surtout par les critiques mineures et en particulier par le rejet d'autrui	❑	❑
14. Je suis le genre de personne, sur qui les autres peuvent compter pour assumer une responsabilité qu'ils me confient	❑	❑
15. Je suis le genre de personne qui se consacre aux autres, même au prix de mon propre sacrifice	❑	❑
16. Je suis quelqu'un qui travaille dur	❑	❑
17. Je suis le genre de personne qui préfère avoir un emploi sûr, plutôt qu'être son propre patron	❑	❑
18. Il est naturel pour moi d'être méticuleux et de réaliser la majorité des tâches du mieux que je peux	❑	❑
19. Je suis le genre de personne qui doute de tout et a tendance à critiquer à l'excès les autres (même sans l'exprimer)	❑	❑
20. Mon intérêt pour le sexe est généralement faible, à tel point que je suis rarement perturbé	❑	❑
21. Je suis d'habitude gros dormeur (besoin de plus de 9 heures de sommeil par nuit)	❑	❑
Total :		

Annexe n°4
Questionnaire tempérament hyperthymique
(source : Hantouche et al., 2001)

Pour voir si vous êtes d'un tempérament hyperthymique, veuillez répondre en cochant les cases "Oui" ou "Non" en pensant à ce qui caractérise au mieux votre état habituel (et non actuel)

Tempérament Hyperthymique	**OUI**	**NON**
1. Je suis habituellement d'humeur radieuse et battante	❑	❑
2. La vie est une fête dont je jouis pleinement	❑	❑
3. J'adore raconter des anecdotes. Les gens disent que je suis de nature blagueur	❑	❑
4. Je suis le genre de personne qui n'est pas gêné par les obstacles. Je pense toujours que tout finira par s'arranger	❑	❑
5. J'ai pleinement confiance en mes propres capacités et talents	❑	❑
6. Mes idées sont tellement riches que mon entourage pourrait les estimer excessives ou irréalistes	❑	❑
7. Je suis toujours disponible et en action	❑	❑
8. Je suis plein d'énergie et capable d'accomplir un travail après l'autre sans même sentir la fatigue	❑	❑
9. Je suis doué pour la parole. Je sais convaincre et inspirer les autres	❑	❑
10. Je suis prêt à vous lancer dans de nouveaux projets et de nouvelles activités que d'autres pourraient considérer comme difficiles ou risquées	❑	❑
11. Une fois que j'ai décidé d'agir, peu de choses peuvent m'empêcher d'arriver à mes fins	❑	❑
12. Je suis très à l'aise avec des gens que je connais à peine	❑	❑
13. Je recherche activement la compagnie d'autrui et de faire la fête avec eux	❑	❑
14. Je suis par nature une personne qui donne et qui dépense beaucoup pour les autres	❑	❑
15. On me dit que je m'occupe trop des autres, parfois au point de me mêler de leur vie ou de leurs affaires	❑	❑
16. J'ai de l'intérêt et des capacités dans plusieurs domaines	❑	❑
17. J'estime avoir le droit et le privilège d'agir à ma guise	❑	❑
18. J'aime être mon propre patron	❑	❑
19. Je me mets facilement en colère (ou rentre en discussion animée) quand les autres ne voient pas les choses comme je veux	❑	❑
20. Mon appétit sexuel est presque toujours assez fort. J'ai besoin de liaisons sexuelles multiples	❑	❑
21. Je me contente généralement de peu de sommeil	❑	❑
Total :		

Annexe n°5
Critères de choix des thymorégulateurs (ou stabilisateurs de l'humeur)

Thymorégulateur	Critères de choix
Lithium (Téralithe®)	- Episode d'Hypomanie euphorique - Tempérament Hyperthymique - Séquence Hypomanie - Dépression - Absence de cycles rapides - Histoire familiale de Manie ou de réponse au lithium
Valproate (Dépakine®) / Divalproex (Dépakote®) Valpromide (Dépamide®)	- Hypomanie dysphorique ou mixte - Cycles rapides (4 épisodes ou + par an) - Tempérament anxio – cyclo - irritable - Co-morbidité anxieuse (TOC, attaques de panique) - Abus de substance (alcool, cocaïne) - Traits de personnalité Borderline - Migraine
Carbamazépine (Tégrétol®)	- Hypomanie mixte - Cycles rapides - Tempérament irritable / impulsif
Lamotrigine (Lamictal®)	- Récurrence dépressive dominante (rareté des hypomanies) - Tempérament dépressif dominant - Instabilité et cycles ultrarapides (dans la journée ou semaine) - Séquence Dépression - Hypomanie - Traits de personnalité Borderline
Topiramate (Epitomax®)	- Frénésies alimentaires - Prise de poids induite par les psychotropes - Abus de substance (alcool)
Gabapentin (Neurontin®)	- Co-morbidité anxieuse (attaques de panique, phobie sociale)

Annexe n°6
Stratégies pour faire face

Comment faites-vous d'habitude pour faire face à la cyclothymie, à ses épisodes ainsi qu'aux difficultés et problèmes de la vie de tous les jours ? Pour vous aider à répondre de manière plus structurée, remplissez le questionnaire en attribuant à chaque item une note entre 1 et 5.

1 pas du tout d'accord
2 pas d'accord
3 neutre
4 d'accord
5 tout à fait d'accord

Discipline et hygiène de vie	
Je suis en général assez discipliné(e)	
Je ne prends pas de drogues et je bois rarement	
Je ne fume pas	
Je déjeune à des heures fixes et mes repas sont en général équilibrés	
Je pratique un sport ou j'en ai pratiqué pendant de longues périodes	
Je me couche et je me réveille en général à des heures fixes	
Je suis une personne prudente	
Esprit positif	
J'ai une certaine confiance en moi-même	
Je suis plutôt optimiste malgré les coups durs	
Je pense être courageux(se) ou résilient(e)	
J'adhère à une philosophie, une idéologie politique ou des croyances religieuses	
J'ai un esprit critique	
Je suis parfois un peu arrogant(e) ou orgueilleux(se)	
Je me sens responsable de moi-même et d'autres personnes autour de moi	
Je suis préoccupé(e) par les questions d'écologie et de développement durable	
Soutien social	
Je vis avec ma famille ou mon conjoint(e)	
Je pense avoir beaucoup d'énergie malgré mes phases de tristesse ou de dépression	
Lorsque je me sens triste ou déprimé(e), j'appelle ou je vois des proches	
J'ai de vrai(e)s ami(e)s en qui j'ai une totale confiance	
Lorsque je me sens triste ou déprimé(e), je prends sur moi en attendant que cela passe	

Spiritualité	
Je suis satisfait de l'aspect spirituel de ma vie	
J'exprime ma spiritualité comme je veux	
Je pratique ma spiritualité comme je veux	
Je sens que ma vie a un sens et un but	
J'ai gardé l'habitude d'exprimer ma vie spirituelle	
Stigmatisation (malgré ma maladie)	
Je me suis senti respecté(e)	
Je me sens accepté(e) par les autres	
Je suis traité(e) avec correction	
Je me sens aussi valable que les autres	
Je ne sens pas être stigmatisé(e)	
Je me sens capable d'affronter la stigmatisation	

Psychoéducation	
J'ai beaucoup lu sur la cyclothymie et la bipolarité	
Je connais les symptômes et les épisodes de la cyclothymie	
Je pense être une personne qui lit beaucoup	
Je pense que la cyclothymie a des côtés positifs	
Indépendance	
Je vis de manière indépendante	
J'ai un sentiment profond et constant de liberté	
Je me sens en sécurité chez moi	
Je me déplace en liberté (en voiture, avec les transports publics)	
Je ressens de manière constante ce que je suis	
J'ai les idées claires de ce que je veux et de ce que je ne veux pas	
Je n'ai pas de difficultés à m'occuper de moi	
Je contrôle ma vie	
Je sens que les autres m'ont permis(e) d'être indépendant(e)	
Demande de soins	
Je n'ai pas tendance à consulter pour de petits « bobos »	
Je me renseigne au sujet des effets secondaires des médicaments	
Je prends des médicaments avec beaucoup de prudence en général	
Je préfère que mon traitement ne se limite pas aux médicaments	
J'aime m'occuper de ma santé	
Je souhaite m'en sortir par moi-même (autant que possible)	

Faites la synthèse en reprenant sur un papier les items dont les scores sont 1 ou 2 ; les faibles scores indiquent les points à améliorer pour mieux gérer votre cyclothymie.

Annexe n°7

Evaluation au quotidien de votre niveau d'humeur, activité et énergie

MOIS																															
+5																															
+4																															
+3																															
+2																															
+1																															
													Zone de stabilité																		
-1																															
-2																															
-3																															
-4																															
-5																															
V																															
H																															
S																															
	1	2	3	4	5	6	7	8	9	10	11	12	13	14	15	16	17	18	19	20	21	22	23	24	25	26	27	28	29	30	31

Notez de -5 à +5 votre niveau d'énergie - activité dans la journée
En cas de variations dans la même journée, mettez les notes extrêmes de haut et de bas
V: nombres de variations dans une journée ; H: niveau d'humeur (de 0 état de tristesse profonde à 100 état euphorique ;
S: nombre d'heures de sommeil

A lire et à consulter

Sites et forums sur Internet

http://aftoc.club.fr
site de l'Aftoc, association française de personnes souffrant de troubles obsessionnels et compulsifs.

http://www.argos2001.fr
site de l'association Argos 2001 d'aide aux personnes atteintes de troubles bipolaires (maniaco-dépressifs) et à leur entourage.

http://www.bipolaire-info.org
site d'information géré par des bipolaires cyclothymiques, dédié aux bipolaires et à leurs proches, spécialisé en cyclothymie. Informations validées par un consultant spécialiste de la maladie. Informations générales, forums, chat.

http://bipotes.leforum.eu
forum d'information et de psychoéducation sur le trouble bipolaire.

http://www.ctah.eu
site d'information de l'Association CTAH-Recherche (CTAH), avec des espaces pour les experts et un espace consacré aux témoignages des patients bipolaires et un dossier mensuel complet.

http://cyclothymieetverite.blogspot.com
blog sur la cyclothymie.

http://jaimemacyclothymieparceque.blogspot.com
blog sur les aspects positifs de la cyclothymie.

http://www.eubf.org
site du Forum Bipolaire Européen rassemblant des experts de la bipolarité (Angst, Hantouche, Perugi et Elfurth).

http://www.irbd.org
site de la conférence de revue internationale des troubles bipolaires qui se tient tous les ans dans une ville européenne.

http://www.troubles-bipolaires.com
site d'information sur les troubles bipolaires.

Livres en français

Kay R. Jamison, *De l'exaltation à la dépression : confessions d'une psychiatre maniaco-dépressive*, Paris, Robert Laffont, 2003

Dr Elie Hantouche, *Troubles bipolaires. Obsessions et compulsions : les reconnaître et les soigner*, Paris, Odile Jacob, 2006.

Nicolas Duchesne, *Des hauts et des bas : bien vivre sa cyclothymie*, Paris, Odile Jacob, 2006.

Francesco Colom & Eduard Vieta, *Manuel de psychoéducation pour les troubles bipolaires*, Marseille, Solal, 2006

Dr Elie Hantouche, Barbara Houyvet, *Cyclothymie : troubles bipolaires des enfants et adolescents au quotidien*, Paris, Josette Lyon, 2007.

Marc L. Bourgeois, *Manie et dépression : comprendre et soigner le trouble bipolaire*, Paris, Odile Jacob, 2007.

Dr Elie Hantouche & Régis Blain, *La cyclothymie pour le pire et pour le meilleur : bipolarité et créativité*, Paris, Robert Laffont, 2008.

Dr Elie Hantouche, *Troubles bipolaires : manie, hypomanie et dépression*, Paris, Medi-Text 2008

Monica Ramirez-Basco, *Le trouble bipolaire : manuel d'exercices pour une meilleure qualité de vie*, Marchienne-au-Pont, Socrate Promarex, 2008.

Christine Mirabel-Saron & Isabelle Leygnac-Solignac, *Les troubles bipolaires : de la cyclothymie au syndrome maniaco-dépressif, comprendre, traiter, prévenir les rechutes*, Paris, Dunod, 2009.

Jan Scott, *Réussir à surmonter les troubles de l'humeur*, Paris, Dunod - InterEditions, 2009.

Dr Elie Hantouche & Vincent Trybou, *Soigner sa cyclothymie : 7 clés pour retrouver le contrôle de soi*, Paris, Odile Jacob, 2009.

Dr Élie Hantouche & Vincent Trybou, *Vivre heureux avec des hauts et des bas*, Paris, Odile Jacob, 2011.

Ronald Fieve, *Comment bien vivre avec des troubles bipolaires : savoir soigner les bas pour tirer profit des hauts*, Paris, Flammarion, 2011.

Dr Élie Hantouche & Nathalie Faucheux, *Le Journal de Léa : Cinéma, TOC et Trouble Bipolaire*, Paris, Odile Jacob, 2011.

Prentiss Price, *Manuel du cyclothymique*, Paris, Eyrolles, 2011.

Claire Gindre & Frédéric Sorbara, *Mon humeur enfin stable : votre stratégie personnalisée,* Les Psychoguides, Paris, Puf, 2012.

Livres en anglais

Kay Jamison, *Touched with fire : Manic-depressive illness and the artistic temperament*, New York, Maxwell Macmillan International, 1993.

David Miklowitz, *The bipolar disorder survival guide : what you and your family need to know*, New York, Guilford Press, 2002.

Kay Jamison, *Exuberance : The passion for life*, New York, Alfred A. Knopf, 2004.

Prentisse Price, *The Cyclothymia Workbook : Learn how to manage your mood swings & lead a balanced life*, Oakland, New Harbinger Publications, 2004 (traduit en 2012).

Sheri L. Johnson, Robert L. Leahy, *Psychological treatment of bipolar disorder*, New York, Guilford Press, 2004.

Ellen Frank, *Treating bipolar disorder : a clinician's guide to interpersonal and social rhythms therapy*, New York, Guilford Publications, 2005.

Hagop S. Akiskal & Mauricio Tohen, *Bipolar psychopharmacotherapy : Caring for the patient*, Hoboken (NJ), John Wiley & Sons, 2006

Frederick Goodwin & Kay Jamison, *Manic Depressive Illness : bipolar disorders and recurrent depressions*, Etats-Unis, Oxford University Press, 2007.

Monica Ramirez-Basco & John Rush, *Cognitive Behavior Therapy for bipolar disorder*, New York, Guilford Publications, 2007.

Remerciements

Les auteurs tiennent à remercier
- Madame Sophie Gillot pour son soutien éditorial de ce projet
- Mademoiselle Rayen Z. pour la relecture et la correction de l'ouvrage
- L'ensemble des personnes cyclothymiques ayant accepté de participer à ce projet par leurs vécus, témoignages et suggestions.

Dépôt légal : août 2012
IMPRIMÉ EN FRANCE

PEFC
PEFC/10-31-2008

Achevé d'imprimer le 13 août 2012
sur les presses de l'imprimerie « La Source d'Or »
63039 Clermont-Ferrand
Imprimeur n° 16027